CHIBA LOTTE MARINES

OFFICIAL
YEAR BOOK
2021

CONTENTS

SPECIAL
INTERVIEW

6

井口資仁 監督

「この1点を、つかみ取る。」

Text by Miho Hasegawa
Photo by Nobuyuki Enishi / Natsuko Katoh

「昨年は２位という結果でした。我々は連覇しているチームを超えなくてはいけないわけですから、これまでと同じような意識ではいけないと思いますし、さらに上にいくためにやらなくてはいけません。また、逆に追われる立場にもなったので、もっと危機感を感じながら、しっかりと上を目指してやっていきたいですね。とにかく全員で『この１点』というところを共有して、１年間戦っていけたらと思います」

春季キャンプイン直前の１月末。チームの中長期的なビジョンとメッセージである『Team Voice』と、今年のチームスローガン『この１点を、つかみ取る。』が発表された。

チーム全員で掲げるこの言葉には、井口資仁監督の強い気持ちが込められていた。

「昨年、勝つためには『この１点』というところが非常に目立ったシーズンであったと思うので、『この１点を、つかみ取る。』はものすごく今のチームにアジャストしたスローガンだと思います。一軍も二軍も全員で共有して、チームづくりをしていきたいですね。“１点”と口で言うのは簡単ですけど、深掘りすると、攻撃面では当然走塁にも関わってきますし、ランナーを得点圏に置いてからの細かいところも出てくる。ただの1点ではなく、この１点のために次はどうするのかを意識していきたいと思います」

2020年の投手陣については「本当に１年間しっかりと後ろ（リリーフ）ができたのが大きかったと思います。益田（直也）を中心に、ハーマン、唐川（侑己）、途中から来た澤村（拓一）も含めて、１年間そこを固定していたからこそ先発陣はゲームをつくれたのかなと思います」と評価する。一方の攻撃面は「チーム全体で言うと、ここぞというときになかなか打てなかったのはあります。打線の強化はしていかなくてはいけないと思います」と課題を挙げた。

若い投手を引っ張りながら移籍初年度で２ケタ勝利を挙げた美馬学。度胸のいいピッチングで１年間ローテーションを守った２年目の小島和哉。リリーフ投手陣の中心である守護神の益田直也。走ること、守ることに関してはトップレベルと評する和田康士朗。ベテランとして、悩める後輩にアドバイスを送り、グラウンド内外問わずチームに貢献した鳥谷敬など、それぞれが役割を果たしたことを井口監督は振り返った。

そんな中、四番に起用した安田尚憲と、終盤にインパクトを残した藤原恭大の存在も、今後のマリーンズには欠かせない。井口監督の言葉の随所にふたりへの期待がにじむ。

「恭大は10月に出てきて、彼らしい期待通りの活躍をしっかりとしてくれました。安田に関しては、昨年１年間は『試合に出た』という程度だと僕は思っています。今年は結果を求められる年になりますし、クライマックスシリーズで結果を出してくれたことは、彼にとって今後につながることだと思います。もう一度、レギュラー争いを含めてやってもらいたいですね」

マリーンズの若い選手にとっては、どんな経験も糧となる。

Marines
6

「一昨年のクライマックスシリーズ進出をかけた争いで敗れたことも良い経験だったと思います。昨年は優勝争いを演じられたことと、最後に埼玉西武に勝ってクライマックスシリーズに自分たちの力でいけたというのは、彼らの経験になると思います。今のチームには優勝経験がある選手がほぼいないですから、そうしたものを積み重ねていくことによって、彼らが大きくなっているなというのは感じています」

そして、今年は中村奨吾をキャプテンに指名した。監督就任以降はキャプテン制度を設けていなかったが、昨年の秋季練習の時期に本人に告げた。

「自分自身の成績も残して一皮むけてほしいという思いを込めました。今までキャプテン制度を廃止していて、チームをもう一回しっかりと背中で見せて引っ張っていく選手、しっかり声かけをしてやっていけたらいいなというなかで、中村奨吾を指名しました。奨吾にはそのことを伝えて、まだまだ中堅ですけど、若い選手を引っ張っていくリーダーとしてやってほしいと思います」

激動の2020年を終え、いよいよ2021年の戦いが始まる。

「お客さんの声というのは我々に力を与えてくれているので、今年の春季キャンプが無観客で見せられなかったのは本当に残念ではありました。しかし、しっかりとした姿を見せられるように、我々がやることは変わらないと思っています。チームスローガンの通り、1点にこだわった試合を見せたいと思いますし、それをチーム全員で共有して、競っている試合を勝てるように、手ごわい相手でも、1点でも多くとって勝つ野球を選手たちとしていきたいです。連覇しているチームを倒すのは大変なことですけど、我々は一丸となって成し遂げたいと思います」

SPECIAL INTERVIEW

井口資仁 監督

「この1点を、つかみ取る。」

中村奨吾

「胸についた"C"マークとともに」

THE KEY PLAYER INTERVIEW

Text by Miho Hasegawa
Photo by Nobuyuki Enishi / Natsuko Katoh / Takuji Hasegawa

「胸についた“C”マークとともに」

中村奨吾

THE KEY PLAYER INTERVIEW

２月の春季キャンプ。野手がつくるグラウンドの輪の中心には中村奨吾がいた。ユニホームの胸にはキャプテンマークが付いている。

昨秋、井口資仁監督から直々にキャプテンに指名されたのだった。

「自分のことはもちろんしっかりしないといけないですけど、チームにいるのは自分よりも年下の選手が多いので、そこは周りを見ながら、いろんなことに気づけるようにしていきたいと思っています」

１月の自主トレはじっくりと自らを鍛え上げるため、広島の田中広輔、楽天の茂木栄五郎ら、さまざまなタイプの選手が集う環境でトレーニングに励んだ。打撃も守備も、全てにおいて見て学び、どのような意識で取り組んでいるかを貪欲に尋ねることもあった。

キャプテンになってからも心境に大きな変化はなかったという。それは、中村が常に高い意識をもち続けていたことの裏付けだった。

ここ数年は、全員がキャプテンのつもりで取り組むためにマリーンズのキャプテン制度は廃止されていたが、中村の胸の内にある責任感は年々増していたのだった。

「井口監督の１年目にフル出場させてもらったからこそ、２年目はしっかり周りを見ながらやっていかないといけないと思っていたので、そこは少しずつ意識していました。（キャプテンに指名されたときは）変わらず、より一層周りを見てやらないといけないなと思いました」

早稲田大学時代にキャプテンを務めていたときは、周りから見られていることを意識していたという。本人は「自分がやるとも思っていなかったですし、キャプテンシーがあるということではないので、プロでもまさか任されるとは思っていなかったです」と話す。

それでも、すでにマリーンズの後輩たちは中村に信頼を寄せているし、中村も自らの言動で示している。

「背中を見せたいというよりは、みんなで一緒になって盛り上げていければいいなと思っています。僕より上の選手に助けてもらうこともたくさんあると思いますが、若い選手がどんどん出ていかないといけないと思うので、若手が盛り上げて、その勢いを最後まで出し切れるようにやっていきたいと思います」

自身の2020年について、個人成績を残していた前半はチームの調子も良かったが、秋になり成績が落ちてきたときにチームも勝てなくなったと振り返る。

それは、今年のチームスローガン『この１点を、つかみ取る。』に通じるものがあった。

「昨年のこと、そのままだなと思いました。自分がチャンスであと１本を打っていたら点が入る場面も多かったので、苦しいときに一打を打てるように、今年は１点を意識していきたいと思います」

これまでの状況から一変した昨年は、グラウンドで戦う選手として、マリーンズファンの存在をより大きく感じた。

「プロ野球開幕にあたって、医療従事

者の方々の協力もあって、いろんな方が力を使ってくださって、いろんなところに配慮しながら試合ができたのだと思いました。自分たちは野球をやるだけですけど、そういう方々がいないと野球ができないと改めて思いましたね。無観客の状態からお客さんが入ったときの拍手に勇気づけられましたし、応援がすごく力になるということを改めて感じました。また応援していただける日が早く来ればいいなと思っています」

今は、個人的な成績よりも大切なものがある。

「(数字の目標を) 自分の中では立てていますけど、まずはチームの結果だと思うので、それは自分の中に留めておいて、チームのためにしっかりやっていきたいと思います。昨年はクライマックスシリーズにいったけれど、最終的には圧倒的な差をつけられての2位だったと思います。今年はキャプテンにも指名されましたし、福岡ソフトバンクだけではなくどの球団にも全員で食らいついて、最後まで野球ができるように頑張っていきたいです」

新キャプテンが、2021年のマリーンズを先導する。

LOTTE
飲むアイス
COOLish
クーリッシュ
バニラ
ムリに吸わず、やわらかくしてお楽しみください。
種類別 ラクトアイス

「勝利のバトンを受け継ぐ者として」

益田直也

THE KEY PLAYER INTERVIEW

Text by Miho Hasegawa
Photo by Nobuyuki Enishi / Natsuko Katoh / Takuji Hasegawa

「勝利のバトンを受け継ぐ者として」

益田直也

THE KEY PLAYER INTERVIEW

益田直也には、選手の視点と、選手会長の視点がある。

「昨年は難しい1年だったなと思います。最初は無観客というところで、やっぱり自分自身もアドレナリンが出づらいというか、野球をしている感じがあまりしなかったけれど、観客が少しずつ入ったときに、拍手があると全然違うなと思いました。大きな声も出せないですし、スタンドにいる人数は少なくても、僕たちがしっかり集中して力を出せるのは、ファンの方の応援があるからこそだなと感じましたね」

これまでに経験したことのなかったプロ野球開幕延期。活動自粛期間中は「どうしたらいいか正直まったく分からなかったです」と先行き不透明な不安が常に付きまとったが、それまでの準備が無駄にならないよう、走り込みなどのトレーニングを継続することは怠らなかった。

常にチームの勝利を第一に考える益田は、開幕後の8月に通算100セーブと500試合登板を達成した。

「試合数に関しては、もっと投げたいと思っています。通過点として500試合を投げられたというのは本当にうれしく思いますし、ケガせず一軍でずっと投げられてよかったです」

今後も勝利に貢献することを誓い、数多くの祝福を受けた。

頼れるクローザーとして登板する一方、チームをまとめる選手会長としての働きも担っている。

「選手会長としてやらなければいけないことがたくさんありました。野球はチームが勝てばいいですけど、野球以外のことも考えないといけないと思っています。今もまだ制限があって、やっぱり大変な部分はシーズンが始まると出てくると思うので、試行錯誤して新しいことをしなければいけないですし、みんなを見て、みんなで考えていきたいです」

選手会長になる以前から、チームメイトとのコミュニケーションを大切にしてきた。投手はもちろん、ポジションが違う野手にも声をかけるようにしていた。なかでも、今年からキャプテンに就任し選手会副会長も務める中村奨吾に対して、益田は厚い信頼を寄せている。

「本当に頼りになるし、キャプテンになって良かったんじゃないかなと思います。ケガをして痛いところがあっても口に出さないですし、いつも文句も言わずにしっかり頑張っていて、本当にいい選手だと思って見ています。あまり声に出していろいろ言うタイプではないように見えるかもしれないですけど、ちゃんと声に出して言ってくれますし、キャプテンマークがついたことによって、これまで以上に発言してやってくれると思うので、グラウンドでしっかり背中で引っ張ってもらいたいなと思います。僕ももっと周りのことを見て、奨吾の負担を少しでも減らせたらいいなと思いますし、ふたりで話し合いながらやっていきたいです」

しっかり自分を持っていて、みんな頼りになる人たちばかり。チームメイトについて、益田はそう表現する。

また、チームスローガン『この1点を、つかみ取る。』については、クローザーならではの言葉を残した。

「1点差で負ける試合で、すごく差を感じる部分がありました。このワードは大事なことだと思うので、しっかりやっていきたいと思います。僕の場合は3点差あったら2点取られても、最後に勝って終われたらいいかなと思いますが、1点差だったら同点にされてもダメで、次の日にも影響するので、なるべく少ない失点でと思っています。昨年は投げた試合は結構勝って終われたので、そこは良かったなとは思いますが、そんなことは僕に求められる当たり前のことだと思います。悪かったことの方が印象は強いですし、もっと負けの数を減らさないといけないなと思います。昨年の5敗は、ほとんど同点の場面からだったので、今年はそれがないように頑張りたいです」

勝利のバトンを受け継ぐ守護神の進化は続く。例年に比べオフの期間は短かったが、12月いっぱいを休養にあて、その後は走り込みと体幹トレーニングを重ねてキャンプインを迎えた。いよいよ、プロ10年目の幕が上がる。

「チームとしては優勝、日本一。個人としては0敗で終わりたいですね。締めるところは締めて、明るくというチームカラーだと思うので、しっかりまとまって、同じ方向を向いて、みんなで頑張っていきたいです。個人としてもチームとしても、強いマリーンズを見せられるように頑張るので、応援してもらいたいなと思います」

今年も益田の投球が、マリーンズの勝利を決定づける。

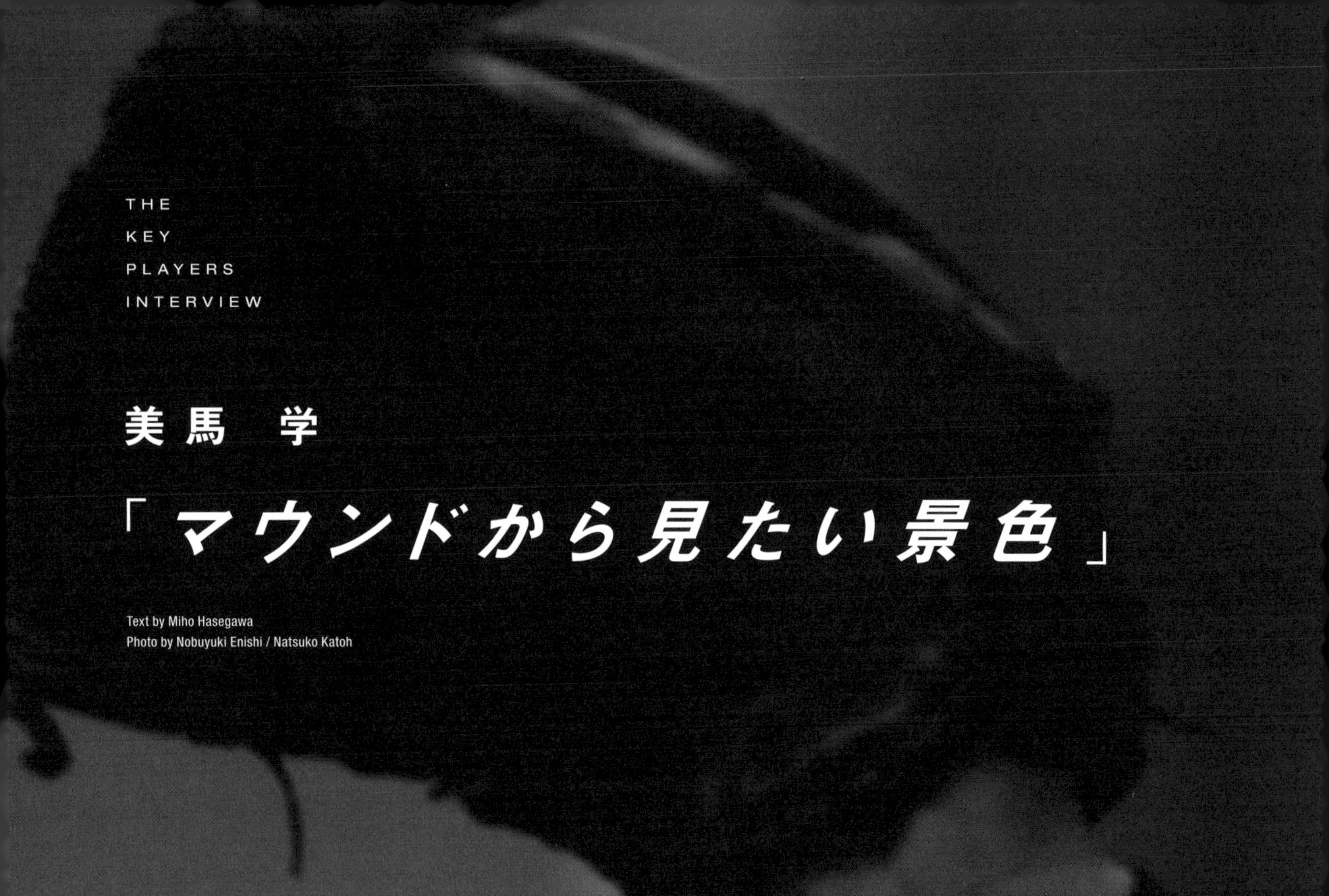

THE
KEY
PLAYERS
INTERVIEW

美馬 学

「マウンドから見たい景色」

Text by Miho Hasegawa
Photo by Nobuyuki Enishi / Natsuko Katoh

美馬学の新天地での日々は、喜びと悔しさが交錯していた。

「かなり不安なスタートで、防御率はそんなに良くはなかったですけど、2ケタ勝つというのは先発投手としてはある程度評価されることだと思うので、それを移籍初年度からできたのは、すごく良かったなと思います」

入団から約1年が経ち、マリーンズというチームについて「若いイメージは変わらなかったかな」と振り返る。ロッカーやウエイトトレーニング場で後輩投手陣といることも多く、小島和哉や中村稔弥ら、プロの経験が浅い後輩からいくつもの質問を投げかけられた。

開幕戦の石川歩の投球には衝撃を受けた。「大事な試合であのピッチングができるというのは、エースの力を感じましたし、実力をもっているんだなとすごく思いました」と、同じ先発投手としてリスペクトしている。

このチームで勝ちたい。1年で、その思いは強くなった。

「クライマックスシリーズはすごく悔しかったですが、そこまでいけたというのは本当によかったんじゃないかなと思います。昨年悔しい思いをしている分、逆に勝ったらうれしいと思う。みんなで、このメンバーで勝つというのがやっぱりうれしいですし、今年は昨年以上に勝って、クライマックスも全部勝ち抜いて日本一になれるように、まずはリーグ戦を頑張りたいと思います」

自身の登板時は味方打線の援護にも恵まれた。中央大学の後輩にあたる井上晴哉をはじめとする野手陣が得点を重ね、最後はクローザーの益田直也が締めて美馬にウイニングボールを手渡す。ヒーローインタビューで、美馬はチームメイトに何度も感謝を述べた。

「かなり大きかったですね。僕だけいつも援護をもらっていたので、基本的に申し訳ないなという気持ちはあったんですけど、とにかくみんなが打ってくれたおかげで2ケタも勝てましたし、勝つことによってチームの輪に入りやすくもなると思うので、打ってくれたおかげで良い感じの1年になったんじゃないかと思います。(益田は)本当に毎回締めてくれるので、昨年はうれしい思いをたくさんできました」

一方で、最も印象に残るマウンドのことは今も忘れていない。

「福岡ソフトバンクとの最後の試合は、やっぱり悔しかったですね。回の途中で降りてしまったし、勝つか負けるかで相当違う試合だったので。勝っている状態で次の回にまわせなかったのは、すごく悔しさが残りますね」

イレギュラーな状況下で2020年のプロ野球は全日程を終えた。例年に比べオフの期間は短く、美馬は榎田大樹(埼玉西武)ら毎年恒例のメンバーと自主トレをするなかで、すぐに投げられる状態でいられるように独自の調整をした。春季キャンプも、オープン戦も、開幕に照準を合わせる日々が続いた。

2021年は、個人的な数字は掲げていない。1年間ケガなくローテーションを守り抜くことが毎年の目標であり、その先に数字はついてくるものだと考えている。優先すべきは、チームに貢献する先発投手としての責任だ。

「完投完封が増えたらいいなと思います。(益田に)ウイニングボールをもら

うのもうれしいですけど、しっかり長い回を投げられるように。先発ピッチャーとして、最後までマウンドに立っているというのは幸せなことなので、それも数多くできたらいいかなと思います」

さらにもうひとつ、美馬にはマウンドから見たい景色がある。

「応援がない寂しさは、昨年のコロナ禍ですごく感じました。やっぱり満員の球場でやるというのが僕らとしては一番幸せなので、それを経験できていないというのは、まだ残念な感じはあります。せっかくマリーンズに来たのなら、あの応援を背に投げたいという思いがあるので、ずっと楽しみにしています」

GungHo
19

THE
KEY
PLAYERS
INTERVIEW

唐川侑己

「チームのため、ファンのため、貫くマリーンズ愛」

Text by Miho Hasegawa
Photo by Nobuyuki Enishi / Natsuko Katoh

2020年、唐川侑己は中継ぎとして勝利に貢献した。

「最初は一軍の戦力としてプレーできなかったんですけど、途中から一軍に呼ばれて、良い場面で投げさせてもらったこともあって、すごくやりがいのあった1年でした」

クローザーの益田直也を中心に、マリーンズのリリーフ投手陣は結束力がある。唐川は常に準備を大切にして試合に臨む。昨年から試合前の運動に取り入れたヨガは、プロ野球開幕延期となった自粛期間中も自宅で欠かさず行った。17試合連続無失点の記録も話題となり、32試合で防御率1.19の好成績を残した。シーズン終了後の短いオフは、休養とトレーニングのバランスをとりながら過ごし、自身の体の使い方に対する理解をより深められたと実感できた。

「(リリーフ投手陣の)雰囲気は、みんなのびのびできたのかなと思っています。益田を中心に、小野(郁)や若い選手もいましたし、ハーマンがいたり、途中から澤村(拓一)さんがいたり、それぞれ個性がある中で、みんなでひとつになってできていたかなと思います」

今年のチームスローガン『この1点を、つかみ取る。』には、中継ぎとしての役割を重ねた。

「プロ野球のシーズンを戦う中で、1試合1試合の積み重ねが最後に結果として出ると思います。僕ら中継ぎ投手は1点も与えてはいけないという場面で出ていくこともありますし、終盤になるにつれて1点の重みも出てくると思うので、当たり前のことですけど、そこを強く再認識していくことが大事だと思います」

海外FA移籍の権利を得ていた唐川は、昨年末にマリーンズに残留することを決めた。

千葉の成田高校から2007年の高校生ドラフト1巡目でプロ入りして以降、ターニングポイントと呼べる場面はたくさんあった。本人が挙げるのは、毎日つきっきりで親身に指導してくれた小谷正勝元コーチに出会えたこと。そして、中継ぎに転向したこと。ほかにも数えきれないほどの経験をマリーンズの一員として重ねてきた。

「昨年はコロナ禍で家にいて考える時間がたくさんありました。FAという権利もあったので、自分自身の野球人生を一度しっかり頭の中で整理するいい時間ではあったかなと思います。(決断後は)マリーンズでまた今年からやっていこうという中で、球団やファンの皆さんに少しでも恩返しができるようにという思いが、より一層強くなりました」

そして、マリーンズの魅力について「他の球団のことは分からないですけど……」と前置きした上で、唐川は語る。無観客試合から始まった昨年だったからこそ、マウンド上でマリーンズファンとの絆を感じる瞬間があったのだ。

「マリーンズにはどんなときも応援してくれるファンがたくさんいますし、みんながひとつになるという意識がすごく強いチームだと思うので、そんなファミリー感がマリーンズの良さかなと思っています。まず、僕たちが野球をやらせてもらえているということ。そして、お客さんの目や応援があって、僕たちは頑張れるということに、改めて感謝しています。いつもの応援ができない中で、みなさんが僕たちとひとつになって戦ってくれているというのを、いつも以上に感じることができました」

2021年もマリーンズのため、ファンのために。唐川のプロ14年目が幕を開ける。

「チームとして優勝を狙っていくなかで、自分自身がそのピースのひとつとして働ければと思っています。目の前のことをしっかり1個1個やっていくことを一番大事にしていきたいです。昨年は悔しい思いをしましたけど、その中でもファンのみなさんとワクワクする瞬間というのはたくさんあったと思うので、そういった姿をより多く見せることができればと思っています」

THE KEY PLAYERS INTERVIEW

井上晴哉

「もう一度、あの舞台へ」

Text by Miho Hasegawa
Photo by Nobuyuki Enishi / Natsuko Katoh

井上晴哉は、いつも大舞台から収穫を得てきた。

はじまりは、プロ１年目の2014年。オープン戦の首位打者に輝き、64年ぶりの新人開幕四番に大抜擢された。結果はふるわずとも、一生に一度のデビュー戦で誰もが経験できることではない。あれ以降、簡単に物怖じすることはなくなったと、今は振り返ることができる。

そして、2020年は『パーソル クライマックス パ』の舞台に立った。今も残る悔しさに、光を見出していた。

「強いチームに対して跳ね返す力をつけなくてはいけないことと、なによりも短期決戦でいかに自分の力を発揮できるか。大きな課題が見つかりました」

今年の自主トレは例年通り、古巣の日本生命のグラウンドを借りて、中日の大島洋平を中心に10名以上のプロ野球選手が集結した。井上は武器であるパワーだけでなく、瞬発力を鍛え直すトレーニングにも励んだ。長所と弱点、体の使い方の新発見につながる有意義な時間を過ごした。

これまでクリアできていない30本塁打を目標に掲げ、もう一度、キャリアハイの数字を目指す。その一心だった。

昨年の戦いを振り返ると、歓喜の輪の中心にいたこともたくさんあった。それでも、一番に押し寄せるのは、うれしさではない。

「守備は結構手ごたえがあって、ゴールデングラブ賞を欲しいと思ったぐらい意識していました。反対に、打つ方の課題が大きく出てしまって、前半は良かったけれど、後半はあまり自分でも数字が見られないくらい低下していたので、継続して力が出し切れずに本当に悔しい思いをしましたね。１日３本塁打という試合もありましたし、涙のタイムリーツーベースと言われる試合もありました。本当にいろいろなことがありましたけど、やっぱり最後の短期決戦の成績が良くなかったのは一番悔しいです」

勝ち進んだ先の『パーソル クライマックス パ』では、福岡ソフトバンクとの経験の差を如実に感じた。

「シーズンと同じ戦い方ではないなという印象を受けました。特別違うことをしているわけではないかもしれないですけど、シーズン中だとあまりそこを振ってこなかったのにな、とか、自分たちがクライマックスシリーズで受け身に入ってしまうところがあったのかなと思いましたし、もっている集中力が違うなと思いました」

2020年はこれまでの生活と一変した。プロ野球開幕延期になった自粛期間を「あんなに野球がしたいと思ったことはなかった」と振り返る。初めこそ戸惑いはあったが、誰も経験したことがない状況には正解もないのだと気づき、自分ができるトレーニングを模索した。

開幕後、無観客試合中は心寂しかったが、観客が入りだすと、ワクワクする気持ちが戻った。シーズンを戦う中では、鳥谷敬の存在が大きかった。年齢が離れていてもフランクに、いつでも声をかけられる柔らかい雰囲気があった。軽い会話をする中にも重みがあり、選手みんなの心に響く。井上は、試合前やミスが起きてしまったときの気持ちの切り替え方を相談した。「実践できているかはまだまだだと思うんですけど、ふと思い出すのは鳥谷さんの一言だということが結構ありますね」と感謝している。

ZOZOマリンスタジアムが満員になる日を待つのは、選手もファンも同じだ。

「応援があると、僕たちもやりやすいんです。贅沢だとは思うんですけど、あの音に慣れているので。拍手をもらっていたのもうれしかったですけど、次は欲が出て、いつもの応援があるといいなと思ってしまいますね。今年はみんなで優勝の喜びを分かち合いたいと思います」

これまでの経験を無駄にはしない。もう一度、大舞台で勝負をかける。

LOTTE

THE KEY PLAYERS INTERVIEW

小島和哉

「学び、考え、突き進む」

Text by Miho Hasegawa
Photo by Nobuyuki Enishi / Natsuko Katoh

小島和哉の向上心は尽きない。

プロ入りからここまで、本人にとって最も印象深い試合は、初勝利した日でも好投した日でもなく、1年目の初登板の苦い記憶だ。

「初戦で自分の実力が全然通用しなくて、どうやったらプロで長くできるんだろう、どう練習していったらいいんだろう、という気持ちでした」

埼玉西武打線を相手に2回8失点。その後は二軍で鍛え直す期間が設けられた。当時の二軍投手コーチである清水直行氏、小野晋吾コーチ、大隣憲司コーチが親身に話を聞いてくれたことで立ち直りの兆しが見えた。ひとつひとつ、時間をかけてもいいから課題を克服していこう。その意識を共有して取り組んだ。「しっかり結果で表すことがプロ野球選手として一番の恩返しだと思います」と、今も活力にしている。

「あの試合でプロのレベルの高さを痛感してから、一軍で活躍するために、自分の癖や課題を1個1個消去していった1年目だったかなと思います。2年目は1年間一軍で投げることができたので、そこに関してはステップを踏めて、だんだんと結果は出てきているのかなと思います。やっぱり一軍のマウンドで投げないと勉強にならないことがたくさんあったので、今年はそれを生かす年だと思っています」

このオフ、早稲田大学の先輩にあたる和田毅（福岡ソフトバンク）の自主トレに参加したのは、自らの行動力によって得た機会だった。シーズン中から、挨拶に行くたびに質問をすると、いつも細かく優しく教えてくれていた。この機会に盗めるものはなんでも盗もうと、勉強するために志願した。

「左ピッチャーだからこその感覚を含めて、シーズンに必ず役立つことをたくさん教えていただきました。投球スタイルや、タイプは似ていると思うので、小さい頃からずっと見ていた憧れの人に教わることができて、すごく勉強になりました」

壁にぶつかったときは、1年目からつけているノートを開く。大学時代も投球の感覚を書く習慣はあったが、プロ初登板直後に「同じ失敗を繰り返したら2度とチャンスが来ないんじゃないか」と危機感が生まれたことで、自分の投球を突き詰めるためにメモをしている。良かったことと悪かったことを書き出し、次までに克服するという練習を積んできた。

どれだけマウンドでシンプルに考えられるかが大事だと分かってはいるが、試合で実践するのは容易ではない。少し考えすぎてしまうタイプだと自覚しているからこそ、常日頃から意識を植えつけるために行動している。

野球ができることが当たり前ではなくなった昨年、プロ野球開幕延期の自粛期間は、部屋で本を読む機会が多くなった。トレーニングのことや、筋肉の構造を学び、知識を増やすことにも時間を費やした。

開幕後は、美馬学、石川歩、二木康太ら先輩の姿を手本にしながら、先発の枠を争う岩下大輝や中村稔弥など、同世代と切磋琢磨することで刺激をもらった。無観客試合が明けてからは、マリーンズファンの温かさを肌で感じた。

「ずっとファンの方が送ってくださった拍手にすごく背中を押されました。もうひと踏ん張りしたいときに、踏ん張れた自分がいました。応援の力は本当にすごいんだなと感じましたし、いつもありがたいなと思っています。相手チームの応援を受けながら投げることが基本なので、ファールやストライクを取ったときの拍手は、よし、頑張るぞという気持ちにさせてくれます」

2021年は2ケタ勝利と規定投球回到達を目標に掲げる。基礎体力の土台を固めることと、質のいい球を投げられるように準備し、開幕を迎えた。

「右バッターのインコースに強気に攻めるのが自分の持ち味だと思うので、そこを消さないように、精度を上げられるように頑張っています。マリーンズが優勝するための戦力になっているところを見てもらいたいです」

THE
KEY
PLAYERS
CROSS
INTERVIEW

安田尚憲 × 藤原恭大

「マリーンズの未来をつくる若き力」

Text by Miho Hasegawa
Photo by Nobuyuki Enishi / Natsuko Katoh / Takuji Hasegawa

——2020年シーズンを振り返り、お互いの活躍をどう見ていましたか？

安田●10月に恭大が一軍に上がってきて、いきなりホームランを打って、すごく活躍していました。ちょうど僕がずっと打てていない時期と重なっていたので、恭大からすごく刺激をもらって、自分も負けていられないなという気持ちになりました。

藤原●クライマックスシリーズで安田さんが、千賀（滉大）さん（福岡ソフトバンク）からホームランを打っていて、自分じゃなかなか打てない球でしたし、フォークボールもそうですけど、しっかり合わせていて、すごいなと思いました。

——ふたりで一緒に一軍にいて、野球談議をすることもありましたか？

安田●そうですね。シーズン中は行き帰りが一緒になることも多くて、他愛もない話もそうですが、野球の話もしていました。

——さて、2020年を自己採点すると？

藤原●僕は80点ぐらいです。一軍も二軍もどっちも経験して、試合に多く出させてもらいましたし、オフにつなげられるような課題も見つかったので良かったかなと思います。（一軍にいた期間は）短かったんですけど、一軍の投手たちのボールも見ることができましたし、こういうふうにやればいいのかというのがだいたい分かったので、良い経験をさせてもらったと思います。

安田●僕は60点ぐらいです。１年間一軍にいられたことは自分としてはすごくいい経験をさせてもらいました。ただ、成績はすごく不甲斐なかったので、今年は１年間スタメンで出続けて、自分の中で100点に近い数字を残せるように頑張りたいです。

——安田選手は履正社高校、藤原選手は大阪桐蔭高校。ふたりともスター選手同士で、ともにドラフト１位入団です。初対戦がいつだったか覚えていますか？

安田●初めて試合をしたのは僕が高２の

THE
KEY
PLAYERS
CROSS
INTERVIEW

安田尚憲 × 藤原恭大

「マリーンズの未来をつくる若き力」

秋で、そのときに藤原の名前を初めて見ました。高3でU-18高校日本代表に入ったときに恭大も一緒だったので、そこで初めて会話をしたと思います。

――藤原選手への第一印象はどうでしたか？

安田●すごくおとなしくて、いい子だなというイメージでした。でも、プロに入ってきたときは全然違いましたね。第一印象とはすごく変わっていました！

――藤原選手はどうですか？

藤原●……（安田選手を見る）。

安田●何？ ちゃんと答えてよ。

藤原●……（笑）。

安田●ちゃんと答えてよ、恭大（笑）。

藤原●想像通りでした。

安田●想像通り？

藤原●……優しいなっていう。

安田●（笑）。

――選手として、お互いにすごいなと思う部分はどこですか？

安田●恭大は積極性もすごくありますし、パワーもスピードも両方兼ね備えている選手なので、僕にない部分を持っていて、すごいなと思います。

藤原●安田さんはパワーがあって、軽く振っただけでボールが飛んでいくので、良い体と才能をもっているのかなと思います。

――オフには、ふたりが柳田悠岐選手（福岡ソフトバンク）と自主トレをしたことも話題になりました。

安田●柳田さんと一緒に自主トレをさせてもらって、超一流選手の取り組み方と考え方を聞けて、すごく勉強になりました。聞けばなんでも答えてくださったので、どんどん質問して勉強させていただきました。どうやって切り替えるのか、ダメなときにはどうすればいいか、メンタル的な部分も話してくださいました。

藤原●柳田さんというトップレベルの選手を間近で見れることはなかなかないですし、見ただけでもレベルの違いを感じて、目指すべき場所がひとつ見つかって刺激をもらいました。自分も走攻守そろったレベルの高い選手になりたいなと思います。

――これまでにマリーンズの先輩から受けた影響はありましたか？

安田●マーティンの試合前の準備と、試合後のケアはすごいなと思いました。良いときもそうではないときも、残って練習して自分の調子を確認しているのを見て、これがプロフェッショナルなんだと感じました。

藤原●荻野貴司さんです。準備を見ていてもすごいなと思いますし、本当にすごく良い選手だなと思います。タイプは違うんですけど見習いたい部分が多いです。バッティング技術とか、どういう意識でやっているのかとか、ちょくちょく聞いています。

――今年は中村奨吾選手がキャプテンに就任しました。ふたりから見て、どのような先輩ですか？

安田●すごく優しいですし、いつも周りをしっかりと見てくださっているので、すごく頼りにしています。ダメなところはダメとしっかり言ってくれて、すごく尊敬できる先輩です。

藤原●良いところも悪いところもズバッと言ってくれるので、キャプテンらしい先輩で頼りになりますし、すごく周りが見えているんだなと思います。

――昨年はイレギュラーなシーズンでもありました。マリーンズファンの拍手はどう感じていましたか？

藤原●最初は観客が入らない中でやっていたので、球場に足を運んでくれるファンの思いを改めて感じましたし、（観客がいると）選手の気持ちも違うので、ありがたみを感じました。

安田●昨年は応援歌がなくて、とくに最初は無観客で選手の声しかしなかったん

THE
KEY
PLAYERS
CROSS
INTERVIEW

安田尚憲 × 藤原恭大

「マリーンズの未来をつくる若き力」

ですけど、徐々にファンの方も入ってこられて、人が多くなるにつれて熱気を感じて、拍手にあれほど大きなパワーがあるのかと思いましたね。クライマックスシリーズ進出が決まった埼玉西武戦の拍手は、ホームゲームの温かみを感じた試合でもありました。

――さて、今年のスローガンは『この1点を、つかみ取る。』です。このスローガンに感じたことはありますか？

安田●１点をつかみ取る気持ちを常にもつことは、試合だけじゃなくて、練習の取り組み方も同じだと思うので、気が引き締まりました。

藤原●１点で勝てる試合もありましたし、大事な試合になればなるほど重みが変わってくるので、今年からこのスローガンになったことで、1点に対してより高い意識をもってやらなければいけないと思いました。

――やはりプロの試合は、より1点の大切さを感じますか？

藤原●そうですね。高校野球のような展開にはならないですし、プロ相手でなかなか点も取れないので、１点の重みがまた違ってくると思います。

安田●とくに一軍にいると、常に1点の重みを感じます。１点の遠さ、１点を取ることの難しさ、あとは１点を守ることの難しさも。クライマックスシリーズでもすごく感じて、やっぱりプレッシャーがありました。でも、大きな舞台でつかみ取るというのが大事だということが認識できたので、このスローガンで１年間取り組んでいきたいと思います。

――最後に2021年の意気込みをお願いします。

藤原●昨年はまだまだ力不足を感じましたし、今年は走攻守のレベルアップした姿を見せられるように頑張りたいと思います。まずはレギュラーをつかんで、１年間試合に出ることが目標です。

安田●昨年は１年間一軍で経験させてもらえたので、今年はその経験からの反省点を生かして、チームに貢献できるように、ファンの皆さんの期待に応えられるシーズンにできたらなと思います。僕個人としては、昨年６本塁打で終わったので、もっともっと長打力を上げられるように、まずは20本という壁を超えられるように頑張ります。

REACH BEYOND

支え合った時間、
出会えた感謝。

新しいことが始まるとき
何かに行き詰まったとき
ふと思い出す日々がある。
それは、大切な人たちとの時間。
グラウンドで共に汗を流した仲間、
厳しくも優しく、背中を押してくれた監督、
静かに見守り、支え続けてくれた家族、
たくさんの人たちとの日々だった。
抱いた感情もよみがえる。
チームを勝利に導けた喜びや
結果を出せずに涙したことが今でも胸を熱くする。
そして思う。
野球に、ソフトボールに、出会えてよかったと。
もがきながらも、走り抜いたあの日々が
自分を築きあげてくれたということを。
これから行く道は長い。
だから何度だって立ち止まっていい。
振り返っては前へ、一歩ずつ進んでいけばいい。

BASEBALL DREAM 特設サイト

zuno.jp 0120-320-799

THE
KEY
PLAYERS
CROSS
INTERVIEW

藤岡裕大 × 菅野剛士

「勝負の4年目、次のステップへ」

Text by Miho Hasegawa
Photo by Nobuyuki Enishi / Natsuko Katoh / Takuji Hasegawa

――同期で仲良しのふたりですが、最初に会話をしたのはいつですか？

藤岡●あれか、雑誌の撮影？

菅野●そう！　社会人1年目のオフの取材ですね。

――お互いの性格を教えてください。まずは、藤岡選手から見た菅野選手。

藤岡●明るいですよね。ポジティブ！

菅野●それは多少あると思います。

――では、菅野選手から見た藤岡選手は？

菅野●もうちょい、ポジティブでもいいかな？

藤岡●（笑）。

菅野●裕大は結構ネガティブなんですよね。

藤岡●どっち？ と言われたら、確かにポジティブではないですね。

――プロ野球選手として、相手のここがすごい！ と思う能力はどこですか？

菅野●僕はレフトを守ることが多くて、裕大は肩が強くてボールが速いので、三遊間の打球を処理してファーストに投げるときの強さや、普通の人の球ではゲッツーにならないぎりぎりでアウトにできるのはすごいなと思って見ていました。

藤岡●打てないときも剛士はあまり引きずらないので、それは見習いたいなと思いますね。自分は結構引きずってしまうので。

菅野●自分では切り替えているつもりはないんですけどね（笑）。

――さて、2020年シーズンを振り返り、お互いの活躍をどう見ていましたか？

菅野●クライマックスシリーズが決まる埼玉西武戦で、裕大が勝ち越しホームランを打ったのは印象的でしたね。

藤岡●剛士はシーズンの最初は一軍にいなかったんですけど、上がってきてから

結果を残して三番も打っていたので、すごいなと思っていました。

——手本にしているチームメイトの姿はありますか？

菅野●僕はおぎさん（荻野貴司）や鳥谷（敬）さんの試合前の毎日の準備です。グラウンド外でも、ホテル内でストレッチをしたりトレーニングをしたり、そういうのは見習わなくちゃなと思いますし、アドバイスをもらうこともあります。

藤岡●ベテランの方はやっぱり体に気を使っていますし、いろいろな経験を積んでいろいろなことを考えていて、朝球場に来たときからやることは決まっているんだろうなというのはすごく感じますね。

——他球団でレベルの高さを感じた投手はいましたか？

菅野●福岡ソフトバンクのピッチャーで、本当に１球で仕留めなくちゃなと思ったのはモイネロ投手ですね。昨シーズンは全然手も足も出なかったですけど、そういうピッチャーが出てくるのはチームが負けているときや競っているときなので、そこでチームを救える一打を打ちたいなと思います。

藤岡●僕はオリックスの山本由伸投手ですかね。打てていないことはないんですけど、投げる球すべてが速いし、コントロールもすごくいい。本当に１打席に１球あるかないかのボールをどれだけ仕留められるかというところで、相当レベルの高いピッチャーだなと思います。

——今年のチームスローガンは『この１点を、つかみ取る。』です。このスローガンに感じたことはありますか？

菅野●１点で勝つゲームもあれば、１点で負けるゲームも多いのがプロ野球で、無駄な1点はないと思います。１点をつかみ取って、守備のときは１点を防いで、具体的なスローガンはすごくいいなと思いました。
藤岡●チャンスで打てなくても、犠牲フライを打てたら良かったなと思うシーンが昨年たくさんあったので、今年はなんとかランナーを返せるバッティングができればと思いました。自分のミスで追いつかれたり、逆に自分の１点で勝つ試合もあったり、それだけ１点の重みは大きいと思いますね。

――今年からキャプテンに就任した中村奨吾選手は、後輩から見てどのような存在ですか？

藤岡●あまり口で語る人ではないので、結果や背中でチームを引っ張っていってくれるんだろうなと思っていますし、自分は二遊間を守っていて本当に助けられていることがたくさんあります。フォローしてもらって、いろいろとコミュニケーションをとりながら、すごくやりやすいようにしてくれているなと思います。
菅野●大学で同じリーグだったときも奨吾さんはキャプテンでしたし、昨年までマリーンズはキャプテン制度がなかったんですけど、奨吾さんが練習から中心となっていろいろやってくれていたので、投手も野手も、みんなが認めるような形でキャプテンになっていると思います。

――プロ入りからここまで、マリーンズファンの応援はグラウンドでどう感じていますか？

菅野●ここ一番でのチャンスの応援は本当に迫力があるので、やっぱりすごく力になります。
藤岡●自分の応援歌が流れるときもそうですけど、初めての開幕戦での応援は今でも忘れられないですし、「これがマリーンズの応援か！」と衝撃を受けた思い出があります。

――今年も背中を押してくれるファンに、どんな姿を見せたいですか？

藤岡●昨年より大きく飛躍したいなという思いがありますし、まずはケガなく1年間戦い抜くことと、すべての面で成長したところを見てほしいなと思います。
菅野●昨年は開幕一軍で迎えられなかったことは悔しかったですけど、外野手が多い中でファーストにも初めて挑戦したので、今年は出させてもらうところで活躍して、１試合でも多く試合に出たいです。見せたいのは打撃も守備も……全部ですね。
藤岡●（笑）。
菅野●バッティングも見てほしいですし、守備も見てほしいですし、走塁も見てほしいです！ 全部です！

THE KEY PLAYERS CROSS INTERVIEW

「勝負の４年目、次のステップへ」

THE
KEY
PLAYERS
CROSS
INTERVIEW

古谷拓郎 × 横山陸人

「千葉から生まれた期待の原石」

Text by Miho Hasegawa
Photo by Nobuyuki Enishi / Natsuko Katoh

——古谷投手は習志野高校、横山投手は専修大学松戸高校。ふたりとも千葉県の高校出身ですが、もともとマリーンズは身近な存在でしたか？

横山●高校時代の野球部にマリーンズファンがすごく多くて、友だちが応援に行っていたので身近に感じていました。(入団が決まって）すごく喜んでもらいました。

古谷●僕も小学生の頃から周りにマリーンズファンが多かったので、その影響もあって、とても身近な球団だと感じていました。友だちと何回か試合を観に行ったり、外野席で応援したりしていましたね。特定の選手のファンではなく、チームが好きで、応援に参加するのが好きでした。その頃もいつかはプロ野球選手になりたいという夢は持っていました。

——千葉の強豪校のエース同士、プロ入り前から面識はありましたか？

古谷●試合は１回やったよね。

横山●自分が２年生の春のときです。

古谷●その試合は僕も投げていなかったので、面識はなかったですね。

——マリーンズ入団後の初対面はいつでしたか？

古谷●初対面は横山が入団してから……いつだっけ？自主トレ？

横山●合同自主トレのときです。

古谷●横山のことはテレビとかで何回か見たことがあって、サイドですごく球が速い印象をもっていました。

横山●習志野高校はすごく強くて、厳しいイメージが僕の中ではあったので、古谷さんは厳しくて怖い感じの人なのかなと思っていました。

——実際に接してみてどうでしたか？

横山●道具の準備とか、細かいところから教えてもらいました。すごく優しくて、野球に対してストイックで真剣に考えていて、本当にすごいなと思います。

古谷●１年目で分からないこととかを一番話しやすいのが僕らだと思うので、聞きやすい環境にしようということは少し意識して接していました。

——古谷投手は横山投手についてどうでしょうか？

古谷●先輩にいじられている明るい性格だと今は思います。最初はそんなイメージはなかったんですけど、１年経って徐々に本当の姿みたいなものが見え始めたなって思いますね。

横山●（笑）。

——ふたりは１歳差ですが、同世代の活躍は気になりますか？

古谷●戸郷翔征投手（巨人）が昨年すごく活躍されて、同級生が一軍の舞台で戦っている姿を見て刺激をもらっているので、自分にとってプラスになっているかなと思います。

横山●自分の周りは、（佐々木）朗希だったり、ヤクルトの奥川（恭伸）くんだったり、すごいピッチャーが多いと思うので、自分も負けていられないなという気持ちになります。

——マリーンズの先輩から学んだことはありますか？

古谷●１年目の秋季キャンプのとき、種市（篤暉）さんと一緒に練習する機会があって、その姿勢を見て、こういうふうにやらなきゃ活躍できないんだなと刺激をもらいました。強く影響を受けて、野球に対する取り組みが大きく変わっていったと自覚しています。種市さんとはたくさん野球の話をしました。質問攻めじゃないですけど、聞きたいことはとことん聞いて、自分でも勉強するようになっていきました。

横山●１年目の春季キャンプで最初にブルペンを見学させてもらったんですけど、石川（歩）さんの投げる球が、指から離れた瞬間にミットに着くぐらいのキレの良さがあったので、いつかは自分もそういうレベルになりたいなと思いながら見させてもらいました。

——石川投手と会話を交わすこともありましたか？

横山●声をかけていただくことはあります。大浴場で会うことがたまにあって、そこでは野球の話じゃなくて「肩大丈夫？」とか「疲れてる？」とか、気にしてくださるので、すごくありがたいです。

——昨年、古谷投手はプロ初登板を果たしました。

古谷●初登板は中継ぎだったので、あまり慣れていない状況で準備する時間も限られていて、気づいたらマウンドに立っていたというのが率直な感想です。緊張する間もなく終わってしまったなという感じでしたね。先発したときは投げることが決まっていたので、投げるまではすごくそわそわして緊張したのを覚えています。球界を代表する柳田悠岐選手（福岡ソフトバンク）、グラシアル選手（福岡ソフトバンク）、吉田正尚選手（オリックス）、そういう選手を前にして、いつもテレビで見ていた選手と自分が同じ土俵で戦えているという嬉しさを感じながら投げていました。

――横山投手は、古谷投手の登板を見ていましたか？

横山●福岡ソフトバンク戦はリアルタイムで見ていました。最初の方にずっと一緒にやっていた先輩なので、しっかり応援をしながら、抑えてほしいという気持ちで見ていました。古谷さんが２年目に一軍で投げたので、自分も今年一軍で投げさせてもらえるようにしっかり頑張ろうという気持ちが強くなりました。

――昨年は新型コロナウイルス感染症拡大の影響により、野球ができない期間もありました。そのときに何か感じたことはありましたか？

古谷●ファンの方が見ている中で、大歓声の中で野球ができるということがとても幸せなことだったと再認識しましたし、野球ができないからこそ、できることを探すきっかけになりました。そういった意味ではプラスになった部分も多かったかなと思います。

横山●まだ入団してから観客がいる中で試合ができていないので、満員の観客の緊張感の中で自分がどういったプレーができるのか、すごく楽しみだなと思っています。

――今年のチームスローガンが『この１点を、つかみ取る。』に決まりました。

THE KEY PLAYERS CROSS INTERVIEW

古谷拓郎 × 横山陸人

「千葉から生まれた期待の原石」

横山●自分はピッチャーなので、１点をしっかり守り切らなきゃいけないなという気持ちになりました。１点を積み重ねることによって勝ちが近づくと思うので、これからそういう試合を経験できたらと思います。

古谷●昨年、一軍がシーズン終盤まで首位争いをしていて、福岡ソフトバンクに突き放されてしまったというのを僕はまず一番に思い出しました。そこが1点の積み重ねになってくると思ったので、シーズンを通して1点を大事に戦う意識をもっていきたいなと思いました。

――これまでの野球人生で、１点の重みを感じる出来事はありましたか？

古谷●ありましたね。高校最後の夏の大会の準決勝で、僕が最後にサヨナラホームランを打たれて１点差で負けました。同点の場面や、僅差のゲームで負けた悔しさがあったので、とても印象に残っている試合ではあります。

――2021年の開幕に向けた意気込みを聞かせてください。

古谷●昨年の一軍初登板で、まっすぐの制球力や決め球がなかなかなくて、三振、空振りがとれずに苦しんだところがあったので、その課題を少しでも埋められるように取り組んでいます。初登板はできたんですけど、勝つことができなかったので、まずは今季初勝利して、しっかり先発ローテーションに食い込んでいける実力をつけたいと思います。

横山●昨年は二軍で投げていて、変化球でストライクがとれないことが多かったので、今年はしっかりストライクがとれるようにすることと、まっすぐの質をどんどん良くしていけるように取り組んでいます。まだ自分は一軍登板がないので、二軍でしっかり抑えて一軍初登板を目標にしています。

――最後に、先輩の古谷投手から横山投手にアドバイスをお願いします。

古谷●二軍にいるときに「ファームで抑えられているからいいや」じゃなくて、常に一軍で投げている自分をイメージして、練習を毎日積み重ねていってほしいなと思います。

横山●古谷さんからこう言ってもらえたので、常に自分の中で一軍で投げるイメージをして、これからの試合や練習に取り組んでいきます！

THE KEY PLAYERS CROSS INTERVIEW

佐藤都志也 × 髙部瑛斗 × 福田光輝

「一軍の経験を糧に、飛躍の2年目へ」

Text by Miho Hasegawa
Photo by Nobuyuki Enishi / Natsuko Katoh / Takuji Hasegawa

——プロ１年目はそれぞれ存在感を見せたかと思いますが、振り返っていただき自己採点とその理由を教えてください。

佐藤●自分は65点ぐらいです。開幕から一軍に帯同して、試合にも結構出させてもらったんですけど、なかなか捕手としての出場がなかったので、そのあたりを今年頑張れたらと思っています。

髙部●30点です。まず、キャンプ中にケガをして、そこからどうにか自分の中でやったんですけど、思うような結果はあげられなかったので。でも、来年につなげられるものが多くあったので、そこを含めたら30点ぐらいかなと思います。

福田●自分も30点です。最初の方はずっと一軍にいて結果も出ていたんですけど、途中から打てないままズルズルいってしまったので、良い経験をしたけれど、悔しい気持ちもありました。

——大学時代からそれぞれ対戦があったそうですが、プロ入り後に抱いたお互いの印象を教えてください。まずは、髙部選手についてお願いします。

佐藤●髙部とは同じ東都リーグだったので、記録を見ただけでもすごい選手だと思っていました。足がめちゃめちゃ速くて、身体能力がすごく高くて、見たままの印象通りの選手でしたね。

福田●全部早いなと思いました（笑）。走るのも速いし、寮で風呂に行くのも早い、ご飯を食べるのも……全部早いなと思いました。

佐藤●たしかに早い（笑）。

——そう言われていますが？

髙部●その通りです！

——次に、佐藤選手についての印象はどうですか？

髙部●さっき佐藤が言ったように東都リーグで一緒だったので、いろいろな話を聞いていました。SNSで動画も見たし、

バッティングも肩もすごく良くて、まとまっているいい選手だなと思いました。

福田●東洋大とはちょくちょく試合もしていたので知ってはいたんですけど、第一印象……（顔を見合わせて）普通やろ。

佐藤●普通（笑）。

福田●バッティングも肩も良いし、普段はなんでもしゃべれる。最初からそんな感じでした。

――福田選手についてはどうでしょうか？

佐藤●アマチュア時代から試合をしていたのですが、その時の福田の印象はすごくやんちゃな奴だなと。自分、福田光輝にめっちゃヤジられていたので。

福田●（笑）。

佐藤●なんだこいつ？ とずっと思っていたんですけど、ギャップがありました。最初は難しい人だなと思っていたけれど、しゃべりやすいですし印象が変わりましたね！

髙部●僕も最初は、こんなにやんちゃな奴いるんだなと思うくらい、やんちゃな印象だったんですけど、すごくしっかりしているところはしっかりしていて、とくに野球については妥協しないので、そこはすごいなと思っています。

――ふたりからやんちゃそうという声が出ましたが？

福田●そんなことないです。自分の中では普通です！

――３人は同期で、さらに寮生ですが、普段からよく話をするのでしょうか？

佐藤●基本的に１人部屋なので、寮では食事のときじゃないとあまり話さなくて、グラウンドにいるときの方が話しますね。ロッカーでは練習内容のこととか、普通の世間話もします。

――プロ野球選手になってから驚いた出来事はありましたか？

髙部●同じ外野手の荻野貴司さんを見て、すごいと思いました。やっぱりどのプレーにも自分の形があって、長く野球をやっていると、これだけ自分のことが分かるんだなという面で、一番すごかったなと思います。

佐藤●自分は、ピッチャーとキャッチャーのバッテリー間の作業に驚きました。試合前のミーティングを聞いていると、それぞれがいろいろな意見を言っていて、バッテリーのコミュニケーションの重要性を感じました。アマチュア時代はピッチャーとミーティングをした記憶があまりないので、勝つためにやっていることなんだなと思いましたし、尊敬できるところがたくさんありました。

福田●ピッチャーも含めて、レギュラーで出て活躍する選手はしっかり準備して

THE
KEY
PLAYERS
CROSS
INTERVIEW

佐藤都志也 × 髙部瑛斗 × 福田光輝

「一軍の経験を糧に、飛躍の2年目へ」

いるなと見ていて思いました。なので、自分も準備段階から意識して1日1日やりたいなと思います。

——対戦して衝撃的だった他球団の選手はいましたか？

髙部●オリックスの山本由伸投手です。真っすぐも変化球も、キレと、スピードが段違いに速い球を見て、こういうのを打たなければいけないなと思いました。

佐藤●自分は福岡ソフトバンクの和田毅投手です。球速以上の体感があって、コントロールがすごく良かったので、いいところに決められたら手が出ない感覚になりました。アウトコース低めをビシビシ投げる和田さんの球には本当にびっくりしました。

福田●昨年、いろんなピッチャーと対戦させてもらったんですけど、どのピッチャーもすごかったです。あとは、開幕カードで福岡ソフトバンクの柳田（悠岐）さんがバックスクリーンにホームランを打ったんですけど、それを見てえげつないなと思いました。

——さて、今季のチームスローガンは『この1点を、つかみ取る。』です。このスローガンを聞いて感じたことはありますか？

髙部●昨年はファームでたくさんミスをして、1点差で負ける試合や、自分のせいで負ける試合もあったので、1点の大事さを学びました。

佐藤●一軍にずっといさせてもらって、あの1点がなければという試合も、あの1点が勝ちにつながったという試合も、どちらも経験して、1点がすごく大切だというのを身近に感じた部分がありました。チーム全体でそこまで考えてやっているんだなと、ミーティングでスローガンを聞いて感じました。

福田●野球は点取りゲームなので、1点でも多く点をとれれば勝てますし、1点でも防いでいけば勝てると思うので、スローガンに掲げていることを常に意識して、打撃も守備も走塁も、ひとつひとつやりたいなと思います。

——2021年はマリーンズファンにどのような姿を見せたいですか？

福田●一軍でしっかり結果を残すことが大事だと思うので、応援していただけたらと思います。

髙部●一軍で1試合でも多く出て活躍して、チームの力になりたいですし、そういう姿を見せていけたらいいなと思います。

佐藤●プレーはもちろんですが、プレー以外の声や、戦う姿勢も自分の中で精一杯やりたいと思っているので、そういうところを見てもらいたいです。

千葉ロッテマリーンズ 全選手名鑑

PLAYERS GUIDE 2021

※一軍出場なしの選手については二軍成績を掲載しています

PITCHER

12 石川 歩
15 美馬 学
18 二木康太
19 唐川侑己
43 小島和哉
52 益田直也
11 佐々木千隼
16 種市篤暉
17 佐々木朗希
20 東條大樹
24 東妻勇輔
27 山本大貴
28 松永昂大
29 西野勇士
30 石崎 剛
33 南 昌輝
34 土肥星也
36 有吉優樹
37 小野 郁
41 成田 翔
42 フランク・ハーマン
46 岩下大輝
47 田中靖洋
48 中村稔弥
49 本前郁也
60 横山陸人
62 永野将司
64 大嶺祐太
65 古谷拓郎
69 土居豪人
76 ホセ・フローレス

CATCHER

22 田村龍弘
99 柿沼友哉
32 佐藤都志也
39 吉田裕太
45 宗接唯人
53 江村直也

INFIELDER

00 鳥谷 敬
4 藤岡裕大
5 安田尚憲
8 中村奨吾
44 井上晴哉
54 ブランドン・レアード
13 平沢大河
23 三木 亮
40 福田光輝
50 松田 進
55 アデイニー・エチェバリア
67 茶谷健太
68 西巻賢二

OUTFIELDER

0 荻野貴司
2 藤原恭大
3 角中勝也
7 福田秀平
31 菅野剛士
79 レオネス・マーティン
1 清田育宏
10 加藤翔平
25 岡 大海
38 髙部瑛斗
51 山口航輝
63 和田康士朗

育成選手

123 森 遼大朗
126 原 嵩
128 ホセ・アコスタ
125 植田将太
127 髙濱卓也
130 サンディ・サントス
131 ホルヘ・ペラルタ

ROOKIE

35 鈴木昭汰
56 中森俊介
57 小川龍成
58 河村説人
59 西川僚祐
122 谷川唯人
121 小沼健太
124 山本大斗
129 佐藤奨真

COACHING STAFF

一軍コーチングスタッフ

①生年月日 ※年齢は2021年満年齢 ②プロ在籍年数 ③出身
④身長・体重 ⑤血液型 ⑥投打 (甲)＝甲子園出場

監督

TADAHITO IGUCHI

6 井口資仁

PROFILE

❶1974年12月4日（47歳）
❷21年目 ❸東京都
❹178cm・91kg ❺O型
❻右投右打

CAREER

国学院久我山高(甲)➡青山学院大➡福岡ダイエー（96年ドラフト1位）➡ホワイトソックス(05)➡フィリーズ(07)➡パドレス(08)➡フィリーズ(08)➡千葉ロッテ(09~17)

AWARD

★最多盗塁（01、03）
★ベストナイン（01、03、04）
★ゴールデングラブ賞（01、03、04）
★パ・リーグ連盟特別表彰（17） 他

ヘッドコーチ

MAKOTO IMAOKA

77 今岡真訪

PROFILE

❶1974年9月11日（47歳）
❷22年目 ❸兵庫県
❹186cm・83kg ❺A型
❻右投右打

CAREER

PL学園高(甲)
➡東洋大
➡阪神（96年ドラフト1位）
➡千葉ロッテ（10~12）

AWARD

★首位打者（03）
★最多打点（05）
★ベストナイン（02、03、05）
★ゴールデングラブ賞（03） 他

野手総合兼内野守備コーチ

HIROSHI MORIWAKI

86 森脇浩司

PROFILE

❶1960年8月6日（61歳）
❷39年目 ❸兵庫県
❹178cm・78kg ❺B型
❻右投右打

CAREER

社高
➡近鉄（78年ドラフト2位）
➡広島（84）
➡南海・ダイエー（87~96）

投手コーチ

MASATO YOSHII

71 吉井理人

PROFILE

❶1965年4月20日（56歳）
❷31年目 ❸和歌山県
❹187cm・89kg ❺B型
❻右投右打

CAREER

箕島高(甲)➡近鉄（83年ドラフト2位）
➡ヤクルト(95)➡メッツ(98)
➡ロッキーズ(00)➡エクスポズ(01)
➡オリックス(03)
➡千葉ロッテ(07)

AWARD

★最優秀救援投手（88）

投手コーチ

HIDETAKA KAWAGOE

89 川越英隆

PROFILE

❶1973年6月8日（48歳）
❷23年目 ❸神奈川県
❹174cm・76kg ❺B型
❻右投右打

CAREER

学法石川高(甲)
➡青山学院大
➡日産自動車
➡オリックス（98年ドラフト2位）
➡千葉ロッテ（10~11）

バッテリーコーチ

MASAUMI SHIMIZU

84 清水将海

PROFILE

❶1975年1月9日（46歳）
❷25年目 ❸群馬県
❹181cm・81kg ❺B型
❻右投右打

CAREER

東農大二高(甲)
➡青山学院大
➡千葉ロッテ（96年ドラフト1位）
➡中日(05)
➡福岡ソフトバンク（10~11）

打撃コーチ

RYO KAWANO

96 河野 亮

PROFILE

❶1971年5月3日（50歳）
❷19年目 ❸神奈川県
❹181cm・92kg ❺A型
❻右投右打

CAREER

日大藤沢高
➡ヤクルト（89年ドラフト外）
➡福岡ダイエー(96)
➡中日(99)
➡オリックス（00~01）

走塁兼外野守備補佐兼打撃コーチ補佐

SHOTA ISHIMINE

81 伊志嶺翔大

PROFILE

❶1988年5月12日（33歳）
❷11年目 ❸沖縄県
❹179cm・79kg ❺A型
❻右投右打

CAREER

沖縄尚学高(甲)
➡東海大
➡千葉ロッテ（10年ドラフト1位・11~19）

外野守備・走塁コーチ

AKIRA OHTSUKA

80 大塚 明

PROFILE

❶1975年4月28日（46歳）
❷28年目 ❸大分県
❹184cm・83kg ❺A型
❻右投右打

CAREER

別府羽室台高
➡千葉ロッテ（93年ドラフト3位・94~10）

戦略コーチ兼バッテリーコーチ補佐

NAOKI MATOBA

72 的場直樹

PROFILE

❶1977年5月9日（44歳）
❷21年目 ❸大阪府
❹179cm・86kg ❺O型
❻右投右打

CAREER

上宮高
➡明治大
➡福岡ダイエー・福岡ソフトバンク（99年ドラフト3位）
➡千葉ロッテ（10~12）

トレーニングコーチ

DAISUKE KIKUCHI

97 菊地大祐

PROFILE

❶1980年2月26日（41歳）
❷3年目 ❸新潟県
❹178cm・75kg ❺O型
❻左投左打

CAREER

新潟北高
➡湘南医療福祉専門学校
➡広島(04)
➡東京ヤクルト(07)
➡千葉ロッテ(17~)

FARM COACHING STAFF
二軍コーチングスタッフ

二軍監督

YUSUKE TORIGOE
88 鳥越裕介

PROFILE
❶1971年7月1日(50歳)
❷28年目 ❸大分県
❹189cm・94kg ❺A型
❻右投右打

CAREER
臼杵高
➡ 明治大
➡ 中日(93年ドラフト2位)
➡ 福岡ダイエー・福岡ソフトバンク(99〜06)

二軍ヘッドコーチ兼打撃コーチ

KAZUYA FUKUURA
70 福浦和也

PROFILE
❶1975年12月14日(46歳)
❷28年目 ❸千葉県
❹183cm・88kg ❺B型
❻左投左打

CAREER
習志野高
➡ 千葉ロッテ(93年ドラフト7位・94〜19)

AWARD
★首位打者(01) ★ベストナイン(10)
★ゴールデングラブ賞(03、05、07) 他

二軍投手コーチ

SHINGO ONO
82 小野晋吾

PROFILE
❶1975年4月7日(46歳)
❷26年目 ❸静岡県
❹179cm・82kg ❺O型
❻右投右打

CAREER
御殿場西高 ㊙
➡ 千葉ロッテ(93年ドラフト6位・94〜13)

AWARD
★最高勝率(00)

二軍投手コーチ

KENJI OHTONARI
78 大隣憲司

PROFILE
❶1984年11月19日(37歳)
❷15年目 ❸京都府
❹175cm・89kg ❺A型
❻左投左打

CAREER
京都学園高
➡ 近畿大
➡ 福岡ソフトバンク(06年ドラフト希望枠)
➡ 千葉ロッテ(18)

二軍バッテリーコーチ

TAKESHI KANAZAWA
73 金澤 岳

PROFILE
❶1984年5月5日(37歳)
❷19年目 ❸栃木県
❹180cm・82kg ❺O型
❻右投左打

CAREER
矢板中央高
➡ 千葉ロッテ(02年ドラフト6位・03〜18)

二軍内野守備・走塁コーチ

SHUNICHI NEMOTO
87 根元俊一

PROFILE
❶1983年7月8日(38歳)
❷16年目 ❸東京都
❹177cm・77kg ❺A型
❻右投左打

CAREER
花咲徳栄高 ㊙
➡ 東北福祉大
➡ 千葉ロッテ(05年大社ドラフト3位・06〜18)

二軍外野守備・走塁コーチ

KENJI MOROZUMI
83 諸積兼司

PROFILE
❶1969年5月29日(52歳)
❷21年目 ❸福島県
❹181cm・74kg ❺B型
❻右投左打

CAREER
学法石川高 ㊙
➡ 法政大
➡ 日立製作所
➡ 千葉ロッテ(93年ドラフト5位・94〜06)

育成総合兼育成打撃コーチ

KOICHI HORI
75 堀 幸一

PROFILE
❶1969年4月2日(52歳)
❷32年目 ❸長崎県
❹182cm・85kg ❺A型
❻右投右打

CAREER
長崎海星高 ㊙
➡ ロッテ(87年ドラフト3位・88〜10)

AWARD
★ベストナイン(05)

育成守備・走塁コーチ

MAKOTO KOSAKA
74 小坂 誠

PROFILE
❶1973年7月2日(48歳)
❷25年目 ❸宮城県
❹167cm・65kg ❺O型
❻右投左打

CAREER
柴田高
➡ JR東日本東北
➡ 千葉ロッテ(96年ドラフト5位)
➡ 巨人(06) ➡ 楽天(09〜10)

AWARD
★最多盗塁(98、00) ★最優秀新人(97)
★ゴールデングラブ賞(99、00、01、05) 他

育成投手コーチ

TOMOHISA OHTANI
85 大谷智久

PROFILE
❶1985年2月14日(36歳)
❷12年目 ❸兵庫県
❹176cm・82kg ❺A型
❻右投右打

CAREER
報徳学園高 ㊙
➡ 早稲田大
➡ トヨタ自動車
➡ 千葉ロッテ(09年ドラフト2位・10〜20)

トレーニングコーチ

JUNPEI NEMOTO
98 根本淳平

PROFILE
❶1972年12月18日(49歳)
❷5年目 ❸茨城県
❹174cm・72kg ❺A型
❻右投右打

CAREER
那珂高
➡ テネシー大
➡ 広島(03)
➡ 千葉ロッテ(16〜)

春
2021年
平原ゾーン
リニューアルオープン
CHIBA CITY
100th ANNIVERSARY
100
1921-2021
千葉市動物公園
Chiba Zoological Park
動物取扱業 名称/千葉市動物公園園長 鏑木一誠 所在地/千葉市若葉区源町280 種別/展示・貸出・保管・販売 登録番号/展示 第50015号・貸出 第30016号・保管 20200号・販売 第10205号 登録年月日/展示 2017年7月30日 貸出・保管・販売 2016年11月7日有効期限/展示 2022年7月29日 貸出・保管・販売 2021年11月6日

PITCHER

12 AYUMU ISHIKAWA

石川 歩

先発投手陣をけん引
5年ぶりの2ケタ勝利へ

新人王、最優秀防御率のタイトルを獲得し、プロ７年間で63勝をマークしている頼れる右腕。２年連続で開幕投手を務めた昨季は、年間を通して先発ローテーションを守り、リーグトップの投球回を記録した。今季も伝家の宝刀・シンカーを武器に先発マウンドへ。自身５年ぶりの２ケタ勝利に期待だ。

PROFILE

❶投手　❷1988年４月11日（33歳）
❸８年目　❹富山県
❺186cm・80kg　❻右投右打
❼A型
❽2014年３月30日（福岡ソフトバンク戦）

CAREER

滑川高 ➡ 中部大 ➡ 東京ガス
➡ 千葉ロッテ（13年ドラフト1位～）

PERSONAL RECORDS

年度	所属球団	登板	勝利	敗北	セーブ	ホールド	HP	完投	完封勝	無四球	勝率	打者	投球回	安打	本塁打	四球	死球	三振	暴投	ボーク	失点	自責点	防御率
2014	千葉ロッテ	25	10	8	0	0	0	2	1	1	.556	669	160	165	10	37	4	111	3	0	72	61	3.43
2015	千葉ロッテ	27	12	12	0	0	0	3	2	0	.500	751	178 2/3	191	15	34	5	126	2	0	68	65	3.27
2016	千葉ロッテ	23	14	5	0	0	0	5	3	1	.737	643	162 1/3	142	16	22	6	104	4	0	40	39	2.16
2017	千葉ロッテ	16	3	11	0	0	0	1	0	1	.214	424	97 1/3	113	9	23	2	73	0	0	62	55	5.09
2018	千葉ロッテ	21	9	8	0	0	0	1	0	0	.529	559	133 1/3	137	15	29	3	77	0	0	61	58	3.92
2019	千葉ロッテ	27	8	5	0	5	5	0	0	0	.615	503	118 2/3	129	9	28	4	81	2	0	50	48	3.64
2020	千葉ロッテ	21	7	6	0	0	0	0	0	0	.538	555	133 1/3	138	19	26	4	77	3	0	65	63	4.25
通算		160	63	55	0	5	5	12	6	3	.534	4104	983 2/3	1015	93	199	28	649	14	0	418	389	3.56

PITCHER

15 MANABU MIMA

美馬 学

頼れるFA右腕
多くの白星を贈る

抜群の制球力を持つ右腕。糸を引くストレートに多彩な変化球を交えて凡打の山を築く。移籍初年度から、その実力を存分に見せ付け、チームトップで自身3年ぶりの2ケタ勝利となる10勝をマークした。規定投球回に到達した中での与四球数は2年連続リーグ最少。今季も先発の柱として働き、ファンに多くの白星をプレゼントする。

PROFILE

❶投手	❷1986年9月19日(35歳)
❸11年目	❹茨城県
❺169㎝・75kg	❻右投左打
❼O型	
❽2011年4月13日(千葉ロッテ戦)	

CAREER

藤代高㊙ ➡ 中央大 ➡ 東京ガス

➡ 楽天(10年ドラフト2位) ➡ 千葉ロッテ(20〜)

PERSONAL RECORDS

年度	所属球団	登板	勝利	敗北	セーブ	ホールド	HP	完投	完封勝	無四球	勝率	打者	投球回	安打	本塁打	四球	死球	三振	暴投	ボーク	失点	自責点	防御率
2011	楽天	23	2	1	0	5	7	0	0	0	.667	102	26 1/3	19	1	4	1	13	2	0	9	9	3.08
2012	楽天	23	8	10	0	0	1	2	0	0	.444	633	154 2/3	142	12	36	5	108	5	0	55	53	3.08
2013	楽天	18	6	5	0	0	0	0	0	0	.545	430	98 1/3	118	11	31	8	63	7	0	46	45	4.12
2014	楽天	14	2	9	0	0	0	0	0	0	.182	327	72 2/3	84	4	25	7	51	0	0	41	39	4.83
2015	楽天	16	3	7	0	0	0	0	0	0	.300	380	86 1/3	102	9	21	1	62	5	0	45	33	3.44
2016	楽天	26	0	0	0	0	0	1	1	1	.500	678	155	181	14	32	8	116	5	1	80	74	4.30
2017	楽天	26	11	8	0	0	0	3	1	1	.579	684	171 1/3	155	18	33	4	134	4	1	66	62	3.26
2018	楽天	14	2	6	0	0	0	0	0	0	.250	340	79	88	12	23	3	41	1	0	42	40	4.56
2019	楽天	25	8	5	0	0	0	2	0	1	.615	600	143 2/3	146	10	24	4	112	3	0	60	64	4.01
2020	千葉ロッテ	19	10	4	0	0	0	1	0	1	.714	517	123	130	9	25	0	88	3	0	62	54	3.95
通算		204	61	64	0	5	8	9	2	4	.488	4691	1110 1/3	1165	109	254	41	788	35	2	515	473	3.83

PITCHER

18 KOTA FUTAKI

二木康太

昨季の自信を手に
シーズンフル回転へ

長身から切れ味抜群のストレートを繰り出す先発右腕。昨季は開幕直後に二軍降格で１カ月不在も、８月の再昇格後は安定したピッチングで自己最多９勝をマーク。自身初めて貯金をつくってチームの２位躍進に貢献した。特に福岡ソフトバンク戦は19年から7連勝中と抜群の相性の良さ。エース襲名を目指し、年間フル回転を誓う。

PROFILE

❶ 投手　❷ 1995年８月１日（26歳）
❸ ８年目　❹ 鹿児島県
❺ 190㎝・85kg　❻ 右投右打
❼ O型
❽ 2015年10月５日（北海道日本ハム戦）

CAREER

鹿児島情報高
➡ 千葉ロッテ（13年ドラフト6位〜）

PERSONAL RECORDS

年度	所属球団	登板	勝利	敗北	セーブ	ホールド	HP	完投	完封勝	無四球	勝率	打者	投球回	安打	本塁打	四球	死球	三振	暴投	ボーク	失点	自責点	防御率
2015	千葉ロッテ	1	0	0	0	0	0	0	0	0	.000	20	5	4	0	2	0	3	0	0	1	1	1.80
2016	千葉ロッテ	22	7	9	0	0	0	1	0	0	.438	518	116 1/3	143	12	34	2	81	5	0	74	69	5.34
2017	千葉ロッテ	23	7	9	0	0	0	5	0	1	.438	588	143 1/3	136	14	35	2	128	2	1	58	54	3.39
2018	千葉ロッテ	16	4	7	0	0	0	3	1	0	.364	416	100 2/3	90	9	35	2	90	4	0	49	44	3.93
2019	千葉ロッテ	22	7	10	0	0	0	1	0	0	.412	538	128 2/3	127	16	30	6	115	3	0	68	63	4.41
2020	千葉ロッテ	15	9	3	0	0	0	1	1	1	.750	361	92 2/3	72	7	12	3	79	3	0	36	35	3.40
通算		99	34	38	0	0	0	11	2	2	.472	2441	586 2/3	572	58	148	15	496	17	1	286	266	4.08

PITCHER

19 YUKI KARAKAWA

唐川 侑己

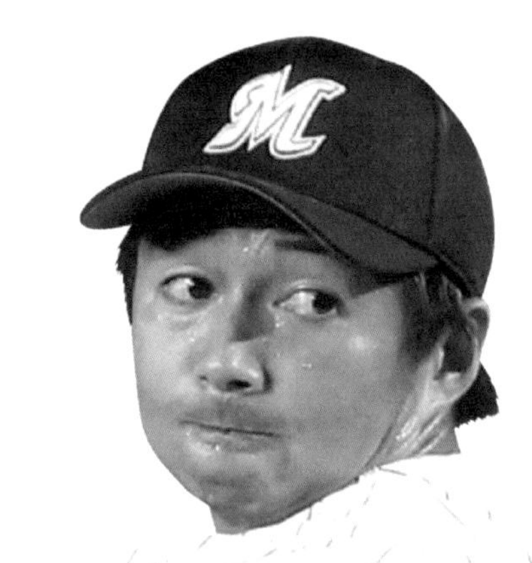

生え抜き14年目
気持ち新たに挑む

中継ぎ転向で奮闘を続ける地元・千葉県出身の生え抜き右腕。昨季は、開幕二軍スタートも昇格後は17試合連続無失点ピッチングを続けるなど、防御率１点台と抜群の安定感を示した。今季も勝利の方程式の一角として最大限のパフォーマンスを発揮する。

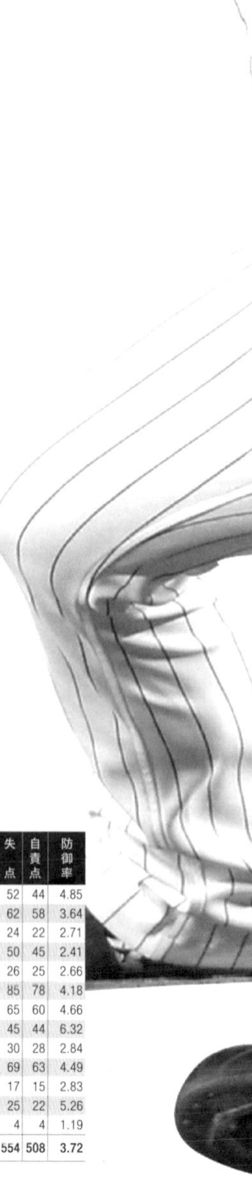

PROFILE

❶投手　❷1989年７月５日（32歳）
❸14年目　❹千葉県
❺181㎝・87kg　❻右投右打
❼O型
❽2008年４月26日（福岡ソフトバンク戦）

CAREER

成田高㊙

➡ 千葉ロッテ（07年高校生ドラフト1位～）

PERSONAL RECORDS

年度	所属球団	登板	勝利	敗北	セーブ	ホールド	HP	完投	完封勝	無四球	勝率	打者	投球回	安打	本塁打	四球	死球	三振	暴投	ボーク	失点	自責点	防御率
2008	千葉ロッテ	15	5	4	0	0	0	1	0	1	.556	358	81 2/3	102	8	12	3	57	1	0	52	44	4.85
2009	千葉ロッテ	21	5	8	0	0	0	3	1	2	.385	596	143 1/3	145	11	28	6	115	0	0	62	58	3.64
2010	千葉ロッテ	11	6	3	0	0	0	2	1	0	.667	306	73	69	3	20	4	51	1	0	24	22	2.71
2011	千葉ロッテ	24	12	6	0	0	0	5	3	2	.667	681	168 1/3	146	6	35	8	122	1	0	50	45	2.41
2012	千葉ロッテ	12	8	2	0	0	0	3	0	1	.800	341	84 2/3	81	4	15	2	32	0	1	26	25	2.66
2013	千葉ロッテ	27	9	11	0	0	0	0	0	0	.450	728	168	185	12	46	3	80	2	0	85	78	4.18
2014	千葉ロッテ	23	4	9	0	1	1	1	0	0	.308	520	116	146	10	33	8	62	3	1	65	60	4.66
2015	千葉ロッテ	12	5	4	0	0	0	0	0	0	.556	288	62 2/3	78	9	27	3	31	1	0	45	44	6.32
2016	千葉ロッテ	15	6	6	0	0	0	1	1	0	.500	373	88 2/3	84	2	37	3	64	1	3	30	28	2.84
2017	千葉ロッテ	21	5	10	0	0	0	1	0	0	.333	555	126 1/3	135	18	37	7	86	1	2	69	63	4.49
2018	千葉ロッテ	25	1	3	0	4	4	0	0	0	.250	188	47 2/3	43	5	10	1	31	0	0	17	15	2.83
2019	千葉ロッテ	40	5	3	0	14	19	0	0	0	.625	168	37 2/3	47	7	6	1	30	0	0	25	22	5.26
2020	千葉ロッテ	32	1	1	0	14	15	0	0	0	.500	118	30 1/3	22	1	9	0	23	0	0	4	4	1.19
通算		278	72	70	0	33	39	17	6	6	.507	5220	1228 1/3	1283	96	315	49	784	11	7	554	508	3.72

PITCHER

43 | KAZUYA OJIMA

小島和哉

順調なステップアップ
今季は『2ケタ勝利』だ

高校2年春の選抜大会優勝左腕。早稲田大でもエースとして活躍し、東京六大学通算22勝をマークした。そこで培ってきた投球術と多彩な変化球を武器に、プロ1年目に3勝を挙げると、2年目の昨季はシーズンを通して先発ローテーションを守って7勝をマークした。今季の目標はもちろん2ケタ勝利。貯金をつくれる投手になる。

PROFILE

❶投手　❷1996年7月7日(25歳)
❸3年目　❹埼玉県
❺177cm・85kg　❻左投左打
❼O型
❽2019年4月4日(埼玉西武戦)

CAREER

浦和学院高㊙ ➡ 早稲田大
➡ 千葉ロッテ(18年ドラフト3位～)

PERSONAL RECORDS

年度	所属球団	登板	勝利	敗北	セーブ	ホールド	HP	完投	完封勝	無四球	勝率	打者	投球回	安打	本塁打	四球	死球	三振	暴投	ボーク	失点	自責点	防御率
2019	千葉ロッテ	10	3	5	0	0	0	0	0	0	.375	232	54 1/3	55	5	20	1	45	0	0	28	26	4.31
2020	千葉ロッテ	20	7	8	0	0	0	0	0	0	.467	479	113 1/3	106	12	47	3	83	0	1	50	47	3.73
通算		30	10	13	0	0	0	0	0	0	.435	711	167 2/3	161	17	67	4	128	0	1	78	73	3.92

52 NAOYA MASUDA

益田直也

500試合登板達成
揺るがない絶対的守護神

リリーフとしてフル回転を続け、１年目に新人王、２年目にはセーブ王に輝いた頼れる右腕。常に与えられた場所で全力を尽くし、選手会長に就任した昨季はリーグ最多54試合に登板して通算100セーブを達成。100ホールドとの“ダブル達成”は史上５人目の快挙だった。今季も選手会長は続投。節目となる10年目での胴上げ投手を目指す。

PROFILE

❶投手 ❷1989年10月25日（32歳）
❸10年目 ❹和歌山県
❺178㎝・80kg ❻右投右打
❼B型
❽2012年3月30日（楽天戦）

CAREER

市立和歌山商高 ➡ 関西国際大
➡ 千葉ロッテ（11年ドラフト4位～）

PERSONAL RECORDS

年度	所属球団	登板	勝利	敗北	セーブ	ホールド	HP	完投	完封勝	無四球	勝率	打者	投球回	安打	本塁打	四球	死球	三振	暴投	ボーク	失点	自責点	防御率
2012	千葉ロッテ	72	2	2	1	41	43	0	0	0	.500	308	75 1/3	61	2	19	2	57	2	0	25	14	1.67
2013	千葉ロッテ	68	2	6	33	9	11	0	0	0	.250	268	62	65	3	16	4	66	3	0	24	19	2.76
2014	千葉ロッテ	52	7	3	1	23	30	0	0	0	.700	226	51	56	3	16	2	57	2	0	28	28	4.94
2015	千葉ロッテ	51	3	2	0	11	14	0	0	0	.600	227	53	48	2	21	2	42	7	0	23	23	3.91
2016	千葉ロッテ	61	3	2	14	21	24	0	0	0	.600	238	59	53	2	16	0	36	1	0	13	12	1.83
2017	千葉ロッテ	38	0	4	9	6	6	0	0	0	.000	162	35 1/3	40	0	15	0	20	1	0	20	20	5.09
2018	千葉ロッテ	70	2	6	3	17	19	0	0	0	.250	264	64 1/3	44	6	27	3	61	2	0	26	22	3.08
2019	千葉ロッテ	60	4	5	27	12	16	0	0	0	.444	229	58 2/3	36	5	22	2	56	1	0	15	14	2.15
2020	千葉ロッテ	54	3	5	31	5	8	0	0	0	.375	214	52	42	1	17	2	53	4	0	15	13	2.25
通算		526	26	35	119	145	171	0	0	0	.426	2136	510 2/3	451	32	169	17	457	23	0	189	165	2.91

CHIHAYA SASAKI

PITCHER

11 佐々木千隼

一軍のマウンドでキャリアハイを目指す

プロ５年目を迎えるドラフト１位右腕。１年目に開幕ローテ入りを果たして１完投を含む４勝を挙げたが、以降は度重なるケガに苦しんだ。巻き返しへ意欲十分。働き場所を問わず、万全の状態で勝負に挑む。

PROFILE

❶投手　❷1994年６月８日（27歳）
❸５年目　❹東京都
❺181cm・83kg　❻右投右打
❼O型
❽2017年４月６日（北海道日本ハム戦）

CAREER

日野高
➡桜美林大
➡千葉ロッテ（16年ドラフト1位〜）

PERSONAL RECORDS

年度	所属球団	登板	勝利	敗北	セーブ	ホールド	HP	完投	完封勝	無四球	勝率	打者	投球回	安打	本塁打	四球	死球	三振	暴投	ボーク	失点	自責点	防御率
2017	千葉ロッテ	15	4	7	0	0	0	1	0	0	.364	363	85 1/3	75	9	48	1	59	3	1	41	40	4.22
2019	千葉ロッテ	7	2	1	0	0	0	0	0	0	.667	130	32	26	2	12	1	22	0	0	11	9	2.53
2020	千葉ロッテ	5	0	0	0	0	0	0	0	0	.000	23	4 1/3	7	1	2	1	5	1	0	4	4	8.31
通　算		27	6	8	0	0	0	1	0	0	.429	516	121 2/3	108	12	62	3	86	4	1	56	53	3.92

Marines

ATSUKI TANEICHI

PITCHER

16 種市篤暉

実戦復活から暴れ回る

切れ味抜群の直球と落差のあるフォークを武器に、2019年に８勝を挙げた未来のエース候補。昨年７月に自身初の完封勝利をマークしたが８月に離脱し、９月にトミー・ジョン手術を受けた。パワーアップして帰ってくる。

PROFILE

❶投手　❷1998年９月７日（23歳）
❸５年目　❹青森県
❺183cm・88kg　❻右投右打
❼AB型
❽2018年８月12日（オリックス戦）

CAREER

八戸工大一高
➡千葉ロッテ（16年ドラフト6位〜）

PERSONAL RECORDS

年度	所属球団	登板	勝利	敗北	セーブ	ホールド	HP	完投	完封勝	無四球	勝率	打者	投球回	安打	本塁打	四球	死球	三振	暴投	ボーク	失点	自責点	防御率
2018	千葉ロッテ	7	0	4	0	0	0	1	0	0	.000	169	38 1/3	42	5	13	1	28	4	0	28	26	6.10
2019	千葉ロッテ	26	8	2	0	2	2	0	0	0	.800	506	116 2/3	114	11	51	2	135	5	0	47	42	3.24
2020	千葉ロッテ	7	3	2	0	0	0	1	1	0	.600	198	46 2/3	43	7	15	5	41	0	0	18	18	3.47
通　算		40	11	8	0	2	2	2	1	0	.579	873	201 2/3	199	23	79	8	204	9	0	93	86	3.84

❶ポジション　❷生年月日 ※年齢は2021年満年齢　❸プロ在籍年数　❹出身　❺身長・体重　❻投打　❼血液型　❽初登板・初出場　㊙=甲子園出場

PITCHER

ROKI SASAKI

17 佐々木朗希

デビューを待つ令和の怪物

高校３年時に最速163km/hを叩き出した令和の怪物。注目のプロ１年目は体づくりを優先して登板はなし。プロ２年目の今年３月にZOZOマリンスタジアムで実戦初登板を果たした。

PROFILE

❶ 投手	❷ 2001年11月３日（20歳）
❸ ２年目	❹ 岩手県
❺ 190㎝・85kg	❻ 右投右打
❼ O型	

CAREER

大船渡高
➡千葉ロッテ（19年ドラフト1位～）

PERSONAL RECORDS

年度	所属球団	登板	勝利	敗北	セーブ	ホールド	HP	完投	完封勝	無四球	勝率	打者	投球回	安打	本塁打	四球	死球	三振	暴投	ボーク	失点	自責点	防御率
NO DATA																							
通算																							

PITCHER

TAIKI TOJO

20 東條大樹

無敗記録を再び開始する

サイドハンドから大きく曲がるスライダーで打者を封じ込める中継ぎ右腕。昨季は防御率２点台。プロ初登板から続いた無敗記録は92試合で途切れたが、首脳陣からの信頼は揺るがない。今季も自分の仕事に徹する。

PROFILE

❶ 投手	❷ 1991年８月15日（30歳）
❸ ６年目	❹ 神奈川県
❺ 178㎝・85kg	❻ 右投右打
❼ O型	
❽ 2016年５月１日（北海道日本ハム戦）	

CAREER

桐光学園高㊙
➡青山学院大
➡JR東日本
➡千葉ロッテ（15年ドラフト4位～）

PERSONAL RECORDS

年度	所属球団	登板	勝利	敗北	セーブ	ホールド	HP	完投	完封勝	無四球	勝率	打者	投球回	安打	本塁打	四球	死球	三振	暴投	ボーク	失点	自責点	防御率
2016	千葉ロッテ	11	0	0	0	1	1	0	0	0	.000	62	11 2/3	14	1	14	2	6	0	0	13	13	10.03
2017	千葉ロッテ	12	0	0	0	1	1	0	0	0	.000	78	17	18	1	11	2	17	1	0	13	13	6.88
2018	千葉ロッテ	11	0	0	0	2	2	0	0	0	.000	42	11 2/3	6	2	4	0	10	0	0	2	2	1.54
2019	千葉ロッテ	58	1	0	0	16	17	0	0	0	1.000	232	52 1/3	52	7	21	7	53	1	0	20	22	3.78
2020	千葉ロッテ	39	1	1	0	5	6	0	0	0	.500	121	28 1/3	25	3	12	4	26	0	0	10	8	2.54
通算		131	2	1	0	25	27	0	0	0	.667	535	121	115	14	62	15	112	2	0	64	58	4.31

YUSUKE AZUMA

PITCHER

24 東妻勇輔

飛躍の3年目シーズンへ

ダイナミックなフォームから力強いストレートを投げ込む3年目右腕。昨季の成績には満足していない。ドラフト2位指名のプライドを持って飛躍のシーズンに臨む。昨年プロ入りした純平（横浜DeNA）は実弟。

PROFILE

❶投手　❷1996年4月4日（25歳）
❸3年目　❹和歌山県
❺172cm・80kg　❻右投右打
❼B型
❽2019年7月3日（オリックス戦）

CAREER

智辯和歌山高㊙
➡日本体育大
➡千葉ロッテ（18年ドラフト2位〜）

PERSONAL RECORDS

年度	所属球団	登板	勝利	敗北	セーブ	ホールド	HP	完投	完封勝	無四球	勝率	打者	投球回	安打	本塁打	四球	死球	三振	暴投	ボーク	失点	自責点	防御率
2019	千葉ロッテ	24	3	2	0	7	10	0	0	0	.600	92	21	19	2	13	0	16	2	0	11	11	4.71
2020	千葉ロッテ	13	0	0	0	1	1	0	0	0	.000	69	15	10	2	14	0	4	0	0	5	5	3.00
通算		37	3	2	0	8	11	0	0	0	.600	161	36	29	4	27	0	20	2	0	16	16	4.00

DAIKI YAMAMOTO

PITCHER

27 山本大貴

猫だまし、勝ちパターン入りへ

出どころが見えづらい『猫だまし投法』から切れ味鋭いボールを投げ込む4年目サウスポー。昨季はシーズン初登板から9試合連続無失点をマークして存在感を見せた。貴重な左腕として勝利の方程式入りを期待したい。

PROFILE

❶投手　❷1995年11月10日（26歳）
❸4年目　❹北海道
❺182cm・90kg　❻左投左打
❼B型
❽2018年10月10日（北海道日本ハム戦）

CAREER

北星学園大付高
➡三菱自動車岡崎
➡千葉ロッテ（17年ドラフト3位〜）

PERSONAL RECORDS

年度	所属球団	登板	勝利	敗北	セーブ	ホールド	HP	完投	完封勝	無四球	勝率	打者	投球回	安打	本塁打	四球	死球	三振	暴投	ボーク	失点	自責点	防御率
2018	千葉ロッテ	1	0	1	0	0	0	0	0	0	.000	17	3	5	0	4	0	1	0	0	4	2	6.00
2020	千葉ロッテ	12	0	0	0	0	0	0	0	0	.000	54	13 2/3	11	1	6	0	7	0	0	4	4	2.63
通算		13	0	1	0	0	0	0	0	0	.000	71	16 2/3	16	1	10	0	8	0	0	8	6	3.24

❶ポジション　❷生年月日 ※年齢は2021年満年齢　❸プロ在籍年数　❹出身　❺身長・体重　❻投打　❼血液型　❽初登板・初出場　㊙＝甲子園出場

TAKAHIRO MATSUNAGA

PITCHER

28

巻き返しを誓うタフネス左腕

プロ１年目から７年連続で40試合以上に登板したタフさが魅力。入団以降、リリーフ陣を支えてきたが、昨季は左ひじの状態が上がらずに５試合のみの登板に終わった。鋭いスライダーを武器に再びフル回転する。

PROFILE

❶投手　❷1988年４月16日（33歳）
❸９年目　❹香川県
❺175cm・82kg　❻左投左打
❼O型
❽2013年３月29日（オリックス戦）

CAREER

高松商高
➡関西国際大
➡大阪ガス
➡千葉ロッテ（12年ドラフト1位〜）

PERSONAL RECORDS

年度	所属球団	登板	勝利	敗北	セーブ	ホールド	HP	完投	完封勝	無四球	勝率	打者	投球回	安打	本塁打	四球	死球	三振	暴投	ボーク	失点	自責点	防御率
2013	千葉ロッテ	58	4	1	1	28	30	0	0	0	.800	323	76 2/3	68	4	27	3	65	2	0	23	18	2.11
2014	千葉ロッテ	46	4	3	0	12	16	0	0	0	.571	185	41 1/3	48	3	16	5	21	2	0	17	15	3.27
2015	千葉ロッテ	41	0	0	0	13	13	0	0	0	.000	123	29	24	3	13	4	24	1	0	13	12	3.72
2016	千葉ロッテ	53	3	0	0	10	13	0	0	0	1.000	173	39	35	0	18	4	27	2	0	18	15	3.46
2017	千葉ロッテ	50	1	3	0	18	19	0	0	0	.250	153	36 1/3	33	1	12	1	31	4	0	16	13	3.22
2018	千葉ロッテ	60	2	5	0	26	28	0	0	0	.286	172	40	40	1	18	2	35	0	0	15	14	3.15
2019	千葉ロッテ	46	2	3	0	25	27	0	0	0	.400	144	34 2/3	25	3	17	3	32	1	0	13	10	2.60
2020	千葉ロッテ	5	0	0	0	3	3	0	0	0	.000	15	3 1/3	3	0	3	0	3	0	0	0	0	0.00
通　算		359	16	15	1	135	149	0	0	0	.516	1288	300 1/3	276	15	124	22	238	12	0	115	97	2.91

Marines

YUJI NISHINO

PITCHER

29

西野勇士

リハビリを乗り越えて復活へ

巧みな投球術を武器に、育成入団からクローザー、侍ジャパンにまで上り詰めた右腕。昨年は右ひじのトミー・ジョン手術を受けた。完全復活を誰もが待っている。

PROFILE

❶投手　❷1991年３月６日（30歳）
❸13年目　❹富山県
❺183cm・90kg　❻右投右打
❼A型
❽2013年３月30日（オリックス戦）

CAREER

新湊高
➡千葉ロッテ（08年育成ドラフト5位〜）

PERSONAL RECORDS

年度	所属球団	登板	勝利	敗北	セーブ	ホールド	HP	完投	完封勝	無四球	勝率	打者	投球回	安打	本塁打	四球	死球	三振	暴投	ボーク	失点	自責点	防御率
2013	千葉ロッテ	24	9	6	0	0	0	0	0	0	.600	588	139 2/3	140	5	40	3	106	8	0	61	59	3.80
2014	千葉ロッテ	57	1	1	31	9	10	0	0	0	.500	219	58	33	4	15	0	63	3	0	12	12	1.86
2015	千葉ロッテ	54	1	2	34	4	5	0	0	0	.333	219	54	44	1	12	1	71	8	0	13	11	1.83
2016	千葉ロッテ	42	3	6	21	5	8	0	0	0	.333	180	43	39	4	11	1	36	2	0	17	16	3.35
2017	千葉ロッテ	5	2	3	0	0	0	0	0	0	.400	123	26 2/3	31	2	14	0	17	2	0	15	14	4.73
2018	千葉ロッテ	14	0	0	0	0	0	0	0	0	.000	75	16	20	2	6	0	19	2	0	12	11	6.19
2019	千葉ロッテ	37	2	3	2	5	5	1	1	0	.400	277	70	56	6	23	0	64	1	0	23	23	2.96
通　算		233	18	21	88	23	28	1	1	0	.462	1681	407 1/3	363	24	121	5	376	26	0	153	146	3.23

PITCHER

TSUYOSHI ISHIZAKI

30 石崎 剛

火を吹くストレートで封じ込める

力強いピッチングが魅力。2019年途中にトレード加入し、昨季はプロ初の先発マウンドにも上った。師と仰ぐ藤川球児（元阪神）直伝の“火の玉ストレート”で勝負。面倒見が良く、年齢の離れた後輩からも慕われている。

PROFILE

❶投手　❷1990年９月９日（31歳）
❸７年目　❹茨城県
❺183㎝・91kg　❻右投右打
❼O型
❽2015年３月29日（中日戦）

CAREER

三和高
➡住友金属鹿島・新日鐵住金鹿島
➡阪神（14年ドラフト2位）
➡千葉ロッテ（19～）

PERSONAL RECORDS

年度	所属球団	登板	勝利	敗北	セーブ	ホールド	HP	完投	完封勝	無四球	勝率	打者	投球回	安打	本塁打	四球	死球	三振	暴投	ボーク	失点	自責点	防御率
2015	阪神	8	0	0	0	1	1	0	0	0	.000	54	11 1/3	12	1	8	1	11	0	0	9	9	7.15
2016	阪神	10	0	0	0	3	3	0	0	0	.000	42	10 2/3	6	0	7	0	6	0	0	2	2	1.69
2017	阪神	26	1	1	0	4	5	0	0	0	.500	123	30 2/3	16	1	15	2	32	1	0	4	4	1.17
2018	阪神	12	0	0	0	1	1	0	0	0	.000	65	15	10	2	10	1	23	0	0	7	7	4.20
2019	阪神	2	0	0	0	0	0	0	0	0	.000	6	1 1/3	2	0	1	0	0	0	0	1	1	6.75
2019	千葉ロッテ	2	0	0	0	0	0	0	0	0	.000	10	2	4	0	1	0	0	1	0	2	2	9.00
2020	千葉ロッテ	12	0	1	0	2	2	0	0	0	.000	69	14	12	2	15	0	19	1	0	14	14	9.00
通算		72	1	2	0	11	12	0	0	0	.333	369	85	62	6	57	4	91	3	0	39	39	4.13

Marines

MASAKI MINAMI

PITCHER

33 南 昌輝

不屈の闘志で打者に立ち向かう

ストレート＆フォークを武器にセットアッパーとして活躍。国指定の難病『黄色靭帯骨化症』から一軍復帰を果たし、ファンの大歓声に迎えられた。野球ができる喜びを噛み締めながらマウンドに上がる。

PROFILE

❶投手　❷1989年１月18日（32歳）
❸11年目　❹和歌山県
❺182㎝・88kg　❻右投右打
❼A型
❽2012年８月２日（北海道日本ハム戦）

CAREER

県立和歌山商高
➡立正大
➡千葉ロッテ（10年ドラフト2位～）

PERSONAL RECORDS

年度	所属球団	登板	勝利	敗北	セーブ	ホールド	HP	完投	完封勝	無四球	勝率	打者	投球回	安打	本塁打	四球	死球	三振	暴投	ボーク	失点	自責点	防御率
2012	千葉ロッテ	26	1	0	0	6	7	0	0	0	1.000	110	25	19	0	15	1	22	1	0	1	1	0.36
2013	千葉ロッテ	28	3	0	0	3	6	0	0	0	1.000	151	31 1/3	30	1	29	0	28	7	0	14	14	4.02
2014	千葉ロッテ	14	0	0	0	0	0	0	0	0	.000	103	22 2/3	18	3	15	1	23	3	0	18	17	6.75
2016	千葉ロッテ	57	5	4	0	16	21	0	0	0	.556	253	62 1/3	48	4	19	1	58	2	1	20	19	2.74
2017	千葉ロッテ	19	0	1	0	5	5	0	0	0	.000	81	17 2/3	21	3	10	0	13	0	0	11	10	5.09
2018	千葉ロッテ	35	2	2	0	6	8	0	0	0	.500	152	33	37	0	17	1	29	2	0	13	11	3.00
2019	千葉ロッテ	4	0	1	0	0	0	0	0	0	.000	18	3 2/3	4	1	4	0	3	0	0	5	5	12.27
2020	千葉ロッテ	6	0	0	0	0	0	0	0	0	.000	32	7 1/3	5	2	5	0	6	1	0	4	4	4.91
通算		189	11	8	0	36	47	0	0	0	.579	900	203	182	14	114	4	182	16	1	86	81	3.59

❶ポジション　❷生年月日 ※年齢は2021年満年齢　❸プロ在籍年数　❹出身　❺身長・体重　❻投打　❼血液型　❽初登板・初出場　㊙＝甲子園出場

SEIYA DOHI

PITCHER

34 土肥星也

真っ向勝負で復活のマウンドへ

躍動感のあるフォームから角度のあるボールを投げ込む大型左腕。2019年秋に左ひじのクリーニング手術を受け、昨年11月のフェニックス・リーグで実戦復帰。抜群のマウンド度胸で再び一軍の舞台で真っ向勝負する。

PROFILE

❶投手 ❷1995年７月７日（26歳）
❸５年目 ❹大阪府
❺186㎝・90kg ❻左投左打
❼B型
❽2017年５月10日（楽天戦）

CAREER

尽誠学園高
➡大阪ガス
➡千葉ロッテ（16年ドラフト4位～）

PERSONAL RECORDS

年度	所属球団	登板	勝利	敗北	セーブ	ホールド	HP	完投	完封勝	無四球	勝率	打者	投球回	安打	本塁打	四球	死球	三振	暴投	ボーク	失点	自責点	防御率
2017	千葉ロッテ	18	0	1	0	2	2	0	0	0	.000	98	19 1/3	25	4	12	2	14	3	0	22	20	9.31
2018	千葉ロッテ	6	2	1	0	0	0	0	0	0	.667	125	28 1/3	30	4	16	0	16	3	0	16	16	5.08
2019	千葉ロッテ	6	1	0	0	0	0	0	0	0	1.000	137	31 2/3	35	4	12	0	28	1	0	12	11	3.13
通算		30	3	2	0	2	2	0	0	0	.600	360	79 1/3	90	12	40	2	58	7	0	50	47	5.33

YUKI ARIYOSHI

PITCHER

36 有吉優樹

679日ぶりの勝利からシーズンフル回転へ

プロ1年目から開幕一軍入りし、中継ぎで53試合に登板して16ホールドをマーク。2019年４月の右ひじ手術で長期離脱となったが、昨年７月に679日ぶりの白星を挙げた。苦しい時期を乗り越え、ひと回り成長した姿を見せる。

PROFILE

❶投手 ❷1991年３月12日（30歳）
❸５年目 ❹千葉県
❺178㎝・87kg ❻右投右打
❼AB型
❽2017年３月31日（福岡ソフトバンク戦）

CAREER

東金高
➡東京情報大
➡九州三菱自動車
➡千葉ロッテ（16年ドラフト5位～）

PERSONAL RECORDS

年度	所属球団	登板	勝利	敗北	セーブ	ホールド	HP	完投	完封勝	無四球	勝率	打者	投球回	安打	本塁打	四球	死球	三振	暴投	ボーク	失点	自責点	防御率
2017	千葉ロッテ	53	2	5	1	16	18	0	0	0	.286	222	53 1/3	48	4	14	3	27	0	0	17	17	2.87
2018	千葉ロッテ	29	6	5	0	2	2	0	0	0	.545	462	106	118	15	31	4	54	2	0	50	44	3.74
2019	千葉ロッテ	2	0	2	0	0	0	0	0	0	.000	37	7 1/3	12	4	5	0	2	0	0	11	11	13.50
2020	千葉ロッテ	3	1	1	0	0	0	0	0	0	.500	49	11	15	1	2	0	5	0	0	6	6	4.91
通算		87	9	13	1	18	20	0	0	0	.409	770	177 2/3	193	24	52	7	88	2	0	84	78	3.95

FUMIYA ONO

PITCHER

37 小野 郁

存在感を高める新たなリリーバー

人的補償で加入した1年目の昨季、自身初の開幕一軍から自己最多の40試合に登板。プロ初勝利も挙げる飛躍のシーズンを過ごした。勢いのあるストレートと鋭いスライダーを武器に、今季は勝利の方程式入りを狙う。

PROFILE

❶投手　❷1996年10月23日(25歳)
❸7年目　❹福岡県
❺175cm・78kg　❻右投右打
❼AB型
❽2015年8月19日(埼玉西武戦)

CAREER

西日本短大付属高
➡楽天(14年ドラフト2位)
➡千葉ロッテ(20〜)

PERSONAL RECORDS

年度	所属球団	登板	勝利	敗北	セーブ	ホールド	HP	完投	完封勝	無四球	勝率	打者	投球回	安打	本塁打	四球	死球	三振	暴投	ボーク	失点	自責点	防御率
2015	楽天	4	0	0	0	0	0	0	0	0	.000	27	5	10	1	4	1	0	1	0	8	8	14.40
2016	楽天	11	0	0	0	0	0	0	0	0	.000	69	13 1/3	20	1	9	0	7	3	0	14	13	8.78
2017	楽天	2	0	0	0	0	0	0	0	0	.000	8	2	2	2	0	0	1	0	0	2	2	9.00
2018	楽天	9	0	1	0	0	0	0	0	0	.000	42	10 1/3	9	1	4	2	9	0	0	4	4	3.48
2019	楽天	13	0	0	0	0	0	0	0	0	.000	87	18 2/3	26	3	5	2	14	1	0	13	13	6.27
2020	千葉ロッテ	40	2	2	0	4	6	0	0	0	.500	162	39	31	2	18	1	32	0	0	18	14	3.23
通　算		79	2	3	0	4	6	0	0	0	.400	395	88 1/3	98	10	40	6	63	5	0	59	54	5.50

KAKERU NARITA

PITCHER

41 成田 翔

試行錯誤で成長し、今季こそ飛躍を

高校時代に甲子園やU-18W杯で活躍した期待の生え抜きサウスポー。昨季は自身2年ぶりの一軍マウンドを踏んだ。武器であるスライダーに磨きをかけるつもり。勝負の6年目に挑む。

PROFILE

❶投手　❷1998年2月3日(23歳)
❸6年目　❹秋田県
❺170cm・78kg　❻左投左打
❼B型
❽2017年9月6日(埼玉西武戦)

CAREER

秋田商高㊙
➡千葉ロッテ(15年ドラフト3位〜)

PERSONAL RECORDS

年度	所属球団	登板	勝利	敗北	セーブ	ホールド	HP	完投	完封勝	無四球	勝率	打者	投球回	安打	本塁打	四球	死球	三振	暴投	ボーク	失点	自責点	防御率
2017	千葉ロッテ	4	0	2	0	1	1	0	0	0	.000	52	12 1/3	12	2	4	1	8	0	0	8	6	4.38
2018	千葉ロッテ	5	0	0	0	0	0	0	0	0	.000	17	4	3	0	2	0	1	1	0	2	2	4.50
2020	千葉ロッテ	3	0	0	0	0	0	0	0	0	.000	15	3	5	2	0	1	3	0	0	6	6	18.00
通　算		12	0	2	0	1	1	0	0	0	.000	84	19 1/3	20	4	6	2	12	1	0	16	14	6.52

❶ポジション　❷生年月日 ※年齢は2021年満年齢　❸プロ在籍年数　❹出身　❺身長・体重　❻投打　❼血液型　❽初登板・初出場　㊙＝甲子園出場

FRANK HERRMANN

PITCHER

42 フランク・ハーマン

学び続ける秀才リリーバー

名門ハーバード大卒の秀才右腕。MLB通算４年で109試合、楽天３年間で153試合に登板した実力は本物で、加入１年目から23ホールドをマークした。今季も抜群の安定感で勝利の方程式の一角を担う。

PROFILE

❶投手　❷1984年５月30日（37歳）
❸５年目　❹アメリカ
❺193㎝・100kg　❻右投左打
❼B型
❽2017年３月31日（オリックス戦）

CAREER

マウントクレアーキンバリーアカデミー ➡ ハーバード大 ➡ インディアンス(06) ➡ エンゼルス(15) ➡ パイレーツ(15) ➡ フィリーズ(16) ➡ 楽天(17) ➡ 千葉ロッテ(20〜)

PERSONAL RECORDS

年度	所属球団	登板	勝利	敗北	セーブ	ホールド	HP	完投	完封勝	無四球	勝率	打者	投球回	安打	本塁打	四球	死球	三振	暴投	ボーク	失点	自責点	防御率
2017	楽天	56	3	1	1	33	36	0	0	0	.750	222	53	48	8	13	3	58	2	4	20	16	2.72
2018	楽天	47	2	3	18	12	14	0	0	0	.400	183	45 1/3	36	2	17	2	44	4	0	13	10	1.99
2019	楽天	50	5	3	0	21	26	0	0	0	.625	184	47 1/3	31	5	16	0	49	2	0	16	16	3.04
2020	千葉ロッテ	38	3	2	1	23	26	0	0	0	.600	149	37 2/3	28	2	12	0	37	4	0	9	9	2.15
通算		191	13	9	20	89	102	0	0	0	.591	738	183 1/3	143	17	58	5	188	12	4	58	51	2.50

Marines

DAIKI IWASHITA

PITCHER

46 岩下大輝

度重なる手術を乗り越え、勝利を重ねる

恵まれた体格からキレのある直球とフォークが武器。昨季、開幕ローテーション入りを果たして17試合に登板し、自己最多の７勝をマークした。さらなる飛躍へ向けて、長いイニングを任せられる投手になる。

PROFILE

❶投手　❷1996年10月２日（25歳）
❸７年目　❹石川県
❺182㎝・90kg　❻右投右打
❼O型
❽2018年７月24日（福岡ソフトバンク戦）

CAREER

星稜高㊙
➡千葉ロッテ（14年ドラフト3位〜）

PERSONAL RECORDS

年度	所属球団	登板	勝利	敗北	セーブ	ホールド	HP	完投	完封勝	無四球	勝率	打者	投球回	安打	本塁打	四球	死球	三振	暴投	ボーク	失点	自責点	防御率
2018	千葉ロッテ	18	1	3	0	6	6	0	0	0	.250	117	25 2/3	28	0	13	1	17	1	0	14	13	4.56
2019	千葉ロッテ	21	5	3	0	1	1	0	0	0	.625	406	96 1/3	80	14	47	2	74	2	0	44	39	3.64
2020	千葉ロッテ	17	7	7	0	0	1	0	0	0	.500	393	90	98	11	35	3	74	4	1	44	42	4.20
通算		56	13	13	0	7	8	0	0	0	.500	916	212	206	25	95	6	165	7	1	102	94	3.99

YASUHIRO TANAKA

PITCHER

47 田中靖洋

手術明け、2019年の輝きを再び

打者の手元でボールを動かしながら凡打の山を築くリリーバー。プロ14年目の2019年に自己最多の44試合に登板したが、昨季は開幕から右ひじ痛に悩み、8月に手術を受けた。コンディションを整え、再び一軍の舞台へ。

PROFILE

❶投手　❷1987年6月21日(34歳)
❸16年目　❹石川県
❺183cm・88kg　❻右投右打
❼A型
❽2010年4月15日(楽天戦)

CAREER

加賀高
➡西武・埼玉西武(05年高校生ドラフト4位)
➡千葉ロッテ(16〜)

PERSONAL RECORDS

年度	所属球団	登板	勝利	敗北	セーブ	ホールド	HP	完投	完封勝	無四球	勝率	打者	投球回	安打	本塁打	四球	死球	三振	暴投	ボーク	失点	自責点	防御率
2010	埼玉西武	11	0	1	0	0	0	0	0	0	.000	60	12 2/3	16	1	6	0	7	0	0	9	7	4.97
2012	埼玉西武	5	0	0	0	0	0	0	0	0	.000	40	8 1/3	10	1	6	0	6	0	0	6	6	6.48
2014	埼玉西武	8	0	1	0	0	0	0	0	0	.000	35	7	11	1	5	1	2	0	0	5	5	6.43
2015	埼玉西武	18	1	1	1	0	1	0	0	0	.500	105	26 2/3	23	1	7	0	13	0	0	4	4	1.35
2016	千葉ロッテ	17	0	1	0	1	1	0	0	0	.000	68	16 1/3	16	2	5	2	11	1	0	5	5	2.76
2017	千葉ロッテ	13	1	0	1	0	1	0	0	0	1.000	50	13 2/3	5	0	4	1	6	1	0	3	3	1.98
2018	千葉ロッテ	32	2	1	0	5	7	0	0	0	.667	113	26 1/3	27	3	5	1	16	1	0	13	13	4.44
2019	千葉ロッテ	44	4	1	0	2	6	0	0	0	.800	166	39 2/3	42	2	12	3	29	0	0	12	12	2.72
2020	千葉ロッテ	8	1	0	0	2	3	0	0	0	1.000	30	7 1/3	5	1	4	0	8	0	0	2	2	2.45
通算		156	9	6	2	10	19	0	0	0	.600	667	158	155	12	54	8	98	3	0	59	57	3.25

Marines

TOSHIYA NAKAMURA

PITCHER

48 中村稔弥

飛躍する技巧派サウスポー

多彩な変化球と高い制球力で相手に的を絞らせない技巧派左腕。プロ1年目に初勝利を挙げると、昨季は11試合に先発。9月11日のオリックス戦では8回途中1安打無失点の快投を演じた。先発ローテ定着を目指す。

PROFILE

❶投手　❷1996年7月8日(25歳)
❸3年目　❹長崎県
❺178cm・84kg　❻左投左打
❼A型
❽2019年6月17日(中日戦)

CAREER

県立清峰高
➡亜細亜大
➡千葉ロッテ(18年ドラフト5位〜)

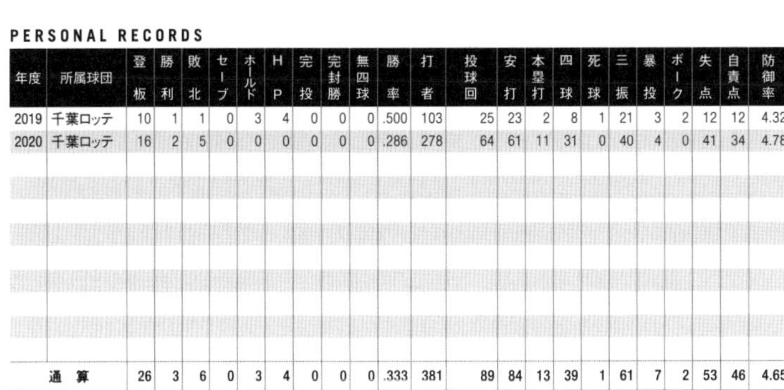

PERSONAL RECORDS

年度	所属球団	登板	勝利	敗北	セーブ	ホールド	HP	完投	完封勝	無四球	勝率	打者	投球回	安打	本塁打	四球	死球	三振	暴投	ボーク	失点	自責点	防御率
2019	千葉ロッテ	10	1	1	0	3	4	0	0	0	.500	103	25	23	2	8	1	21	3	2	12	12	4.32
2020	千葉ロッテ	16	2	5	0	0	0	0	0	0	.286	278	64	61	11	31	0	40	4	0	41	34	4.78
通算		26	3	6	0	3	4	0	0	0	.333	381	89	84	13	39	1	61	7	2	53	46	4.65

❶ポジション　❷生年月日 ※年齢は2021年満年齢　❸プロ在籍年数　❹出身　❺身長・体重　❻投打　❼血液型　❽初登板・初出場　㊙=甲子園出場

FUMIYA MOTOMAE

PITCHER

49 本前郁也

先発左腕として成長加速中

大学時代に球速を10km/h以上アップさせてプロ入り。キレのある変化球も武器で、1年目の昨季は二軍で11試合に登板して、防御率2.56の好成績を残した。今年はキャンプからアピールを続け3月に支配下登録を勝ち取った。

PROFILE

❶投手　❷1997年10月2日（24歳）
❸2年目　❹北海道
❺175cm・76kg　❻左投左打
❼A型

CAREER

札幌光星高
➡北翔大
➡千葉ロッテ（19年育成ドラフト1位〜）

PERSONAL RECORDS

年度	所属球団	登板	勝利	敗北	セーブ	ホールド	HP	完投	完封勝	無四球	勝率	打者	投球回	安打	本塁打	四球	死球	三振	暴投	ボーク	失点	自責点	防御率
2020イ	千葉ロッテ	11	2	0	0	-	-	0	0	0	1.000	160	38 2/3	40	3	9	0	38	1	0	12	11	2.56
通算		-	-	-	-	-	-	-	-	-	-	-	-	-	-	-	-	-	-	-	-	-	-

RIKUTO YOKOYAMA

PITCHER

60 横山陸人

経験を力に変える2年目右腕

最速148km/hの右サイドハンド。1年目の春季キャンプでは、石川歩の投球に衝撃を受け、同期の佐々木朗希の存在も刺激にしている。一軍マウンドで声援を受けるため、自らの特徴を生かしながら一歩ずつ前に進む。

PROFILE

❶投手　❷2001年8月5日（20歳）
❸2年目　❹東京都
❺179cm・86kg　❻右投右打
❼O型

CAREER

専大松戸高
➡千葉ロッテ（19年ドラフト4位〜）

PERSONAL RECORDS

年度	所属球団	登板	勝利	敗北	セーブ	ホールド	HP	完投	完封勝	無四球	勝率	打者	投球回	安打	本塁打	四球	死球	三振	暴投	ボーク	失点	自責点	防御率
2020イ	千葉ロッテ	11	0	0	0	-	-	0	0	0	.000	67	15	21	1	6	3	9	1	0	10	10	6.00
通算		-	-	-	-	-	-	-	-	-	-	-	-	-	-	-	-	-	-	-	-	-	-

SHOJI NAGANO

PITCHER

62 永野将司

リリーフ左腕、恩返しのマウンドへ

貴重な左のリリーフとして昨季は自己最多の13試合に登板して飛躍への足がかりをつくった。力強い直球は魅力十分。不安症の一種である『広場恐怖症』を公表している。周囲からの気遣いとサポートに結果で応える。

PROFILE

❶投手 ❷1993年３月２日（28歳）
❸４年目 ❹大分県
❺181㎝・82kg ❻左投左打
❼A型
❽2018年10月４日（埼玉西武戦）

CAREER

日出暘谷高
➡九州国際大
➡Honda
➡千葉ロッテ（17年ドラフト6位～）

PERSONAL RECORDS

年度	所属球団	登板	勝利	敗北	セーブ	ホールド	HP	完投	完封勝	無四球	勝率	打者	投球回	安打	本塁打	四球	死球	三振	暴投	ボーク	失点	自責点	防御率
2018	千葉ロッテ	4	0	0	0	0	0	0	0	0	.000	15	4	1	0	4	0	3	0	0	0	0	0.00
2019	千葉ロッテ	5	0	1	0	3	3	0	0	0	.000	15	4	3	0	2	1	2	0	0	2	2	4.50
2020	千葉ロッテ	13	0	0	0	0	0	0	0	0	.000	73	15	16	0	13	0	14	2	0	9	9	5.40
通算		22	0	1	0	3	3	0	0	0	.000	103	23	20	0	19	1	19	2	0	11	11	4.30

Marines

YUTA OHMINE

PITCHER

64 大嶺祐太

支配下返り咲き、結果を残す

プロ1年目から一軍の先発マウンドに上がり、９年目の2015年には８勝をマークした先発右腕。2019年１月にトミー・ジョン手術を受けて一時は育成契約となったが、昨年８月に支配下再登録。15年目、“感謝の復活”を誓う。

PROFILE

❶投手 ❷1988年６月16日（33歳）
❸15年目 ❹沖縄県
❺184㎝・80kg ❻右投左打
❼A型
❽2007年４月30日（西武戦）

CAREER

八重山商工高㊙
➡千葉ロッテ（06年高校生ドラフト1位～）

PERSONAL RECORDS

年度	所属球団	登板	勝利	敗北	セーブ	ホールド	HP	完投	完封勝	無四球	勝率	打者	投球回	安打	本塁打	四球	死球	三振	暴投	ボーク	失点	自責点	防御率
2007	千葉ロッテ	1	0	0	0	0	0	0	0	0	.000	21	4	7	1	1	1	4	0	0	5	5	11.25
2008	千葉ロッテ	7	2	2	0	0	0	0	0	0	.500	137	32 2/3	32	5	8	1	23	2	0	19	19	5.23
2009	千葉ロッテ	16	5	6	0	0	0	2	1	0	.455	428	95	115	11	35	5	59	2	0	62	61	5.78
2010	千葉ロッテ	13	3	6	0	0	0	2	1	0	.333	320	71 1/3	78	12	34	3	52	1	0	48	41	5.17
2011	千葉ロッテ	1	0	1	0	0	0	0	0	0	.000	11	1 1/3	3	1	4	0	1	0	0	5	5	33.75
2013	千葉ロッテ	10	4	2	0	0	0	1	1	0	.667	197	43 1/3	43	2	26	2	29	1	0	23	22	4.57
2014	千葉ロッテ	13	3	4	0	0	0	0	0	0	.429	241	54 2/3	60	4	20	1	31	2	0	32	21	3.46
2015	千葉ロッテ	24	8	7	0	0	0	1	1	1	.533	574	133 1/3	141	8	46	5	70	1	0	49	47	3.17
2016	千葉ロッテ	14	1	3	0	1	1	0	0	0	.250	175	34 2/3	47	1	26	2	14	1	0	31	25	6.49
2017	千葉ロッテ	20	2	2	0	0	2	0	0	0	.500	142	30 2/3	33	4	22	0	21	0	0	19	13	3.82
2020	千葉ロッテ	2	0	1	0	0	0	0	0	0	.000	45	9	15	1	6	0	9	0	0	9	9	9.00
通算		121	28	34	0	1	3	6	4	1	.452	2291	510	574	50	228	20	313	10	0	302	268	4.73

❶ポジション ❷生年月日 ※年齢は2021年満年齢 ❸プロ在籍年数 ❹出身 ❺身長・体重 ❻投打 ❼血液型 ❽初登板・初出場 ㊙=甲子園出場

TAKURO FURUYA

PITCHER

65 古谷拓郎

晴れ男として先発マウンドへ

柔らかい投球フォームから伸びのある直球を繰り出す若手右腕。昨季は一軍での先発デビューとともに、登板予定の試合が3戦連続で雨天中止になる“雨男ぶり”でも話題に。今季は天を味方にプロ初勝利をつかみ取る。

PROFILE

❶投手　❷2000年4月21日(21歳)
❸3年目　❹千葉県
❺184cm・80kg　❻右投右打
❼O型
❽2020年10月10日(福岡ソフトバンク戦)

CAREER

習志野高
➡千葉ロッテ(18年ドラフト6位～)

PERSONAL RECORDS

年度	所属球団	登板	勝利	敗北	セーブ	ホールド	HP	完投	完封勝	無四球	勝率	打者	投球回	安打	本塁打	四球	死球	三振	暴投	ボーク	失点	自責点	防御率
2020	千葉ロッテ	2	0	1	0	0	0	0	0	0	.000	30	6 1/3	6	1	7	1	7	3	0	3	3	4.26
通算		2	0	1	0	0	0	0	0	0	.000	30	6 1/3	6	1	7	1	7	3	0	3	3	4.26

Marines

HIDETO DOI

PITCHER

69 土居豪人

秘める潜在能力、未来へ

長身から角度のある150km/h超のストレートを投げ込む大型右腕。高卒2年目の昨季は二軍戦12試合にリリーフ登板して一歩前進。まだ荒削りな部分は残るが、ポテンシャルは高い。安定感を身に付けて飛躍を目指す。

PROFILE

❶投手　❷2000年4月2日(21歳)
❸3年目　❹愛媛県
❺191cm・92kg　❻右投右打
❼O型

CAREER

松山聖陵高(甲)
➡千葉ロッテ(18年ドラフト8位～)

PERSONAL RECORDS

年度	所属球団	登板	勝利	敗北	セーブ	ホールド	HP	完投	完封勝	無四球	勝率	打者	投球回	安打	本塁打	四球	死球	三振	暴投	ボーク	失点	自責点	防御率
2019イ	千葉ロッテ	10	0	0	0	-	-	0	0	0	.000	60	12	12	2	12	1	9	1	0	13	13	9.75
2020イ	千葉ロッテ	12	0	0	0	-	-	0	0	0	.000	51	10 1/3	14	3	6	1	8	0	0	6	6	5.23
通算		-	-	-	-	-	-	-	-	-	-	-	-	-	-	-	-	-	-	-	-	-	-

JOSE FLORES

PITCHER

76 ホセ・フローレス

井口マリーンズの秘密兵器

独立リーグから育成枠で入団し、昨年３月に支配下登録されたベネズエラ出身右腕。独特の投球フォームから150km/h台の威力抜群の直球を投げ込み、昨年10月以降の７試合は防御率0.73の好成績を残した。

PROFILE

❶投手 ❷1989年６月４日(32歳)
❸２年目 ❹ベネズエラ
❺191㎝・120kg ❻右投右打
❼O型
❽2020年７月12日(埼玉西武戦)

CAREER

U.E.マリア・モンテソーリ高 ➡ インディアンス(07) ➡ アスレチックス(14) ➡ スーシティ・エクスプローラーズ(15) ➡ リエレロス・デ・アグアスカリエンテス(16) ➡ ジャイアンツ(17) ➡ BC・富山(19) ➡ 千葉ロッテ(20〜)

PERSONAL RECORDS

年度	所属球団	登板	勝利	敗北	セーブ	ホールド	HP	完投	完封勝	無四球	勝率	打者	投球回	安打	本塁打	四球	死球	三振	暴投	ボーク	失点	自責点	防御率
2020	千葉ロッテ	14	2	2	0	1	3	0	0	0	.500	108	22 1/3	27	3	16	0	25	2	0	19	19	7.66
通　算		14	2	2	0	1	3	0	0	0	.500	108	22 1/3	27	3	16	0	25	2	0	19	19	7.66

CATCHER

22 | TATSUHIRO TAMURA

田村龍弘

マリンの司令塔
フル稼働を誓う

自慢の強肩と強気のリード、優れたインサイドワークでマリーンズ投手陣を引っ張る高卒生え抜きの司令塔。昨季は９月に右手人差し指を骨折した影響で、2015年から５年連続で続けてきた100試合出場に届かず、打撃面でも不完全燃焼に終わった。投手陣と積極的にコミュニケーションを取りながらチームを勝利に導く。

PROFILE

❶捕手	❷1994年５月13日（27歳）
❸９年目	❹大阪府
❺172㎝・81kg	❻右投右打
❼A型	
❽2013年7月14日（北海道日本ハム戦）	

CAREER

光星学院高㊙甲

➡ 千葉ロッテ（12年ドラフト3位～）

PERSONAL RECORDS

年度	所属球団	試合数	打席	打数	得点	安打	二塁打	三塁打	本塁打	塁打	打点	盗塁	盗塁刺	犠打	犠飛	四球	死球	三振	併殺打	打率
2013	千葉ロッテ	7	7	7	0	2	0	0	0	2	1	0	0	0	0	0	0	1	0	.286
2014	千葉ロッテ	50	148	128	5	20	4	1	0	26	10	0	0	9	0	10	1	27	2	.156
2015	千葉ロッテ	117	365	305	26	52	10	1	2	70	32	3	2	22	4	33	1	69	3	.170
2016	千葉ロッテ	130	430	371	27	95	16	3	2	123	38	6	0	17	3	38	1	91	12	.256
2017	千葉ロッテ	132	359	311	31	77	12	3	3	104	36	4	2	17	4	26	1	68	7	.248
2018	千葉ロッテ	143	476	415	32	99	14	7	3	136	35	3	3	16	2	40	3	68	13	.239
2019	千葉ロッテ	100	321	284	30	69	12	1	3	92	31	1	2	12	3	22	0	59	8	.243
2020	千葉ロッテ	92	237	203	12	44	7	0	4	63	23	1	1	10	1	20	3	45	3	.217
通算		771	2343	2024	163	458	75	16	17	616	206	18	10	103	17	189	10	428	48	.226

CATCHER

99 | TOMOYA KAKINUMA

柿沼友哉

光る強肩&守備力
正捕手を狙う

大卒5年目の昨季、一軍全試合でベンチ入りし、自己最多の56試合に出場した育成出身の強肩捕手。福岡ソフトバンク・周東佑京の盗塁を阻止したスローイングの素早さと正確さは特筆すべきもの。投手の良いところを引き出すリードも魅力で、種市篤暉との『柿の種バッテリー』も話題。正捕手の座を狙いながらチームのために尽力する。

PROFILE

❶ 捕手　❷ 1993年5月12日(28歳)
❸ 6年目　❹ 茨城県
❺ 180cm・82kg　❻ 右投右打
❼ A型
❽ 2017年6月17日(巨人戦)

CAREER

誠恵高 ➡ 日大国際関係学部
➡ 千葉ロッテ(15年育成ドラフト2位～)

PERSONAL RECORDS

年度	所属球団	試合数	打席	打数	得点	安打	二塁打	三塁打	本塁打	塁打	打点	盗塁	盗塁刺	犠打	犠飛	四球	死球	三振	併殺打	打率
2017	千葉ロッテ	8	9	8	0	0	0	0	0	0	1	0	0	1	0	0	0	2	1	.000
2018	千葉ロッテ	2	3	3	0	0	0	0	0	0	0	0	0	0	0	0	0	0	0	.000
2019	千葉ロッテ	34	73	54	5	9	0	0	1	12	2	0	0	10	0	4	5	20	0	.167
2020	千葉ロッテ	56	129	106	6	17	1	0	0	18	9	0	0	15	0	5	3	31	2	.160
通算		100	214	171	11	26	1	0	1	30	12	0	0	26	0	9	8	53	3	.152

TOSHIYA SATOH

CATCHER

32 佐藤都志也

絶賛成長中の打てる捕手

走攻守に優れた能力を持つ大卒2年目捕手。1年目の昨季は、開幕一軍入りから計60試合に出場。6月27日のオリックス戦で放った代打サヨナラ打がプロ初安打となった。先発マスクを増やして大きく成長する。

PROFILE

❶捕手 ❷1998年1月27日(23歳)
❸2年目 ❹福島県
❺181cm・86kg ❻右投左打
❼B型
❽2020年6月25日(オリックス戦)

CAREER

聖光学院高㊙
➡東洋大
➡千葉ロッテ(19年ドラフト2位～)

PERSONAL RECORDS

年度	所属球団	試合数	打席	打数	得点	安打	二塁打	三塁打	本塁打	塁打	打点	盗塁	盗塁刺	犠打	犠飛	四球	死球	三振	併殺打	打率
2020	千葉ロッテ	60	127	114	6	26	4	0	2	36	12	0	0	2	0	9	2	25	1	.228
通算		60	127	114	6	26	4	0	2	36	12	0	0	2	0	9	2	25	1	.228

Marines

YUTA YOSHIDA

CATCHER

39 吉田裕太

昨季1試合からのリベンジに燃える

パンチ力のある打撃が魅力の大型捕手。スローイングの良さと高校、大学で主将を務めたキャプテンシーも併せ持つ。昨季は開幕前に故障で離脱すると、一軍出場1試合のみで終わった。巻き返しへ闘志を燃やす。

PROFILE

❶捕手 ❷1991年7月21日(30歳)
❸8年目 ❹千葉県
❺183cm・99kg ❻右投右打
❼O型
❽2014年3月28日(福岡ソフトバンク戦)

CAREER

日大三高㊙
➡立正大
➡千葉ロッテ(13年ドラフト2位～)

PERSONAL RECORDS

年度	所属球団	試合数	打席	打数	得点	安打	二塁打	三塁打	本塁打	塁打	打点	盗塁	盗塁刺	犠打	犠飛	四球	死球	三振	併殺打	打率
2014	千葉ロッテ	50	132	123	7	27	2	0	2	35	7	0	0	4	2	2	1	38	0	.220
2015	千葉ロッテ	65	131	110	6	25	1	0	1	29	9	1	0	9	2	9	1	26	2	.227
2016	千葉ロッテ	24	35	30	1	0	0	0	0	0	0	0	0	4	0	1	0	12	1	.000
2017	千葉ロッテ	61	107	94	10	16	7	0	3	32	6	0	0	6	0	7	0	30	4	.170
2018	千葉ロッテ	8	12	10	0	1	0	0	0	1	0	0	0	1	0	1	0	2	0	.100
2019	千葉ロッテ	32	56	47	2	11	1	0	2	18	7	0	1	4	0	5	0	13	2	.234
2020	千葉ロッテ	1	1	0	0	0	0	0	0	0	0	0	0	1	0	0	0	0	0	.000
通算		241	474	414	26	80	11	0	8	115	29	1	1	29	4	25	2	121	9	.193

YUITO MUNETSUGU

CATCHER

45 宗接唯人

パワー＆スピードで勝負

恵まれた体格で長打力、俊足が魅力。タフさもあるが、昨季は春季キャンプ中に右肩痛を発症して出遅れ、10月に一軍昇格も出番なし。打撃を生かすために捕手以外のポジションにも挑戦しながら存在をアピールする。

PROFILE

❶捕手　❷1994年７月６日（27歳）
❸５年目　❹兵庫県
❺183㎝・90kg　❻右投右打
❼O型
❽2018年６月15日（巨人戦）

CAREER

神戸国際大付高
➡亜細亜大
➡千葉ロッテ（16年ドラフト7位～）

PERSONAL RECORDS

年度	所属球団	試合数	打席	打数	得点	安打	二塁打	三塁打	本塁打	塁打	打点	盗塁	盗塁刺	犠打	犠飛	四球	死球	三振	併殺打	打率
2018	千葉ロッテ	1	1	1	0	0	0	0	0	0	0	0	0	0	0	0	0	1	0	.000
通　算		1	1	1	0	0	0	0	0	0	0	0	0	0	0	0	0	1	0	.000

NAOYA EMURA

CATCHER

53 江村直也

ムードメーカーの強肩捕手

高卒11年目を迎える強肩捕手。昨季は故障離脱した正捕手・田村龍弘の代わりに一軍に昇格し、バッテリーを組んだ二木康太を完封勝利に導いた。腰痛で離脱し出場5試合のみに終わった悔しさを今季、必ず晴らしてみせる。

PROFILE

❶捕手　❷1992年５月６日（29歳）
❸11年目　❹広島県
❺176㎝・80kg　❻右投右打
❼B型
❽2013年３月30日（オリックス戦）

CAREER

大阪桐蔭高㊙
➡千葉ロッテ（10年ドラフト5位～）

PERSONAL RECORDS

年度	所属球団	試合数	打席	打数	得点	安打	二塁打	三塁打	本塁打	塁打	打点	盗塁	盗塁刺	犠打	犠飛	四球	死球	三振	併殺打	打率
2013	千葉ロッテ	64	134	117	6	20	2	0	0	22	7	0	1	12	1	4	0	34	7	.171
2014	千葉ロッテ	44	61	53	5	11	1	0	0	12	1	0	0	5	0	3	0	12	1	.208
2015	千葉ロッテ	14	7	6	2	0	0	0	0	0	0	0	0	0	0	0	1	2	1	.000
2016	千葉ロッテ	22	24	23	1	3	1	0	0	4	4	0	0	0	0	1	0	10	1	.130
2017	千葉ロッテ	13	6	6	1	1	0	0	0	1	0	0	0	0	0	0	0	1	1	.167
2018	千葉ロッテ	35	18	16	0	1	0	0	0	1	0	0	0	1	0	1	0	5	1	.063
2019	千葉ロッテ	23	35	31	3	3	0	0	1	6	4	0	0	2	0	2	0	10	2	.097
2020	千葉ロッテ	5	6	6	0	0	0	0	0	0	0	0	0	0	0	0	0	1	0	.000
通　算		220	291	258	18	39	4	0	1	46	16	0	1	20	1	11	1	75	14	.151

❶ポジション　❷生年月日 ※年齢は2021年満年齢　❸プロ在籍年数　❹出身　❺身長・体重　❻投打　❼血液型　❽初登板・初出場　㊙＝甲子園出場

INFIELDER

00 TAKASHI TORITANI

鳥谷 敬

頼れるベテランが
健在ぶりを示す

プロ18年目を迎える実績十分の大ベテラン。移籍1年目は、シーズンのほとんどを一軍で過ごし、若手の手本として存在感を示して、チームのクライマックスシリーズ進出に貢献した。40歳となる今季は、若い選手たちにも負けることなくレギュラーの座をつかみ取り、プロで手にしていない日本一を目指す。

PROFILE

❶内野手 ❷1981年6月26日(40歳)
❸18年目 ❹東京都
❺180cm・79kg ❻右投左打
❼B型
❽2004年4月2日(巨人戦)

CAREER

聖望学園高㊙ ➡ 早稲田大
➡ 阪神(03年自由枠) ➡ 千葉ロッテ(20〜)

PERSONAL RECORDS

年度	所属球団	試合数	打席	打数	得点	安打	二塁打	三塁打	本塁打	塁打	打点	盗塁	盗塁刺	犠打	犠飛	四球	死球	三振	併殺打	打率
2004	阪神	101	261	235	28	59	13	0	3	81	17	2	2	2	0	21	3	66	6	.251
2005	阪神	146	646	572	82	159	27	1	9	215	52	5	5	10	4	53	6	115	11	.278
2006	阪神	146	609	543	65	157	28	2	15	234	58	5	3	4	0	60	2	111	10	.289
2007	阪神	144	642	565	67	154	19	4	10	211	43	7	4	8	1	63	5	106	8	.273
2008	阪神	144	605	523	66	147	17	6	13	215	80	4	7	5	5	68	4	85	10	.281
2009	阪神	144	617	538	84	155	31	2	20	250	75	7	7	5	4	65	5	83	13	.288
2010	阪神	144	651	575	98	173	31	6	19	273	104	13	3	2	5	66	3	93	14	.301
2011	阪神	144	590	500	71	150	28	7	5	207	51	16	3	3	5	78	4	72	10	.300
2012	阪神	144	624	515	62	135	22	6	8	193	59	15	4	5	8	94	2	91	12	.262
2013	阪神	144	643	532	74	150	30	4	10	218	65	15	7	1	2	104	4	65	12	.282
2014	阪神	144	644	550	96	172	28	2	8	228	73	10	6	1	4	87	2	80	14	.313
2015	阪神	143	646	551	69	155	21	4	6	202	42	9	6	2	3	89	1	77	8	.281
2016	阪神	143	533	449	49	106	16	1	7	145	36	13	3	1	6	75	2	80	12	.236
2017	阪神	143	570	488	57	143	23	3	4	184	41	8	7	1	2	77	2	62	13	.293
2018	阪神	121	261	220	15	51	11	0	1	65	22	1	1	3	3	34	1	37	6	.232
2019	阪神	74	105	92	9	19	3	1	0	24	4	1	0	1	0	12	0	16	2	.207
2020	千葉ロッテ	42	39	36	5	5	2	0	0	7	6	0	1	0	0	1	2	8	0	.139
通　算		2211	8686	7484	997	2090	350	49	138	2952	828	131	69	54	52	1047	48	1247	161	.279

INFIELDER

4 YUDAI FUJIOKA

藤岡裕大

不動の遊撃手として
勝負の1年に挑む

強肩を生かしたフィールディングの良さが光るショート・ストップ。プロ入りから3年連続で開幕スタメンを勝ち取っているが、今季はライバルも多く例年以上に気を引き締めてキャンプインを迎えた。キャンプでは課題の打撃向上へ、松中信彦臨時コーチの猛特訓で体をいじめ抜いた。4年目の今季は、誰もが認める不動のレギュラーへさらなる飛躍を誓う。

PROFILE

❶内野手	❷1993年8月8日(28歳)
❸4年目	❹岡山県
❺178cm・77kg	❻右投左打
❼O型	
❽2018年3月30日(楽天戦)	

CAREER

岡山理科大学付高 ➡ 亜細亜大 ➡ トヨタ自動車
➡ 千葉ロッテ(17年ドラフト2位～)

PERSONAL RECORDS

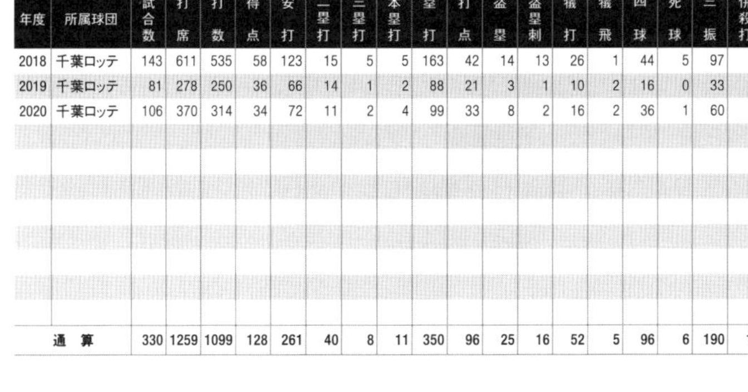

年度	所属球団	試合数	打席	打数	得点	安打	二塁打	三塁打	本塁打	塁打	打点	盗塁	盗塁刺	犠打	犠飛	四球	死球	三振	併殺打	打率
2018	千葉ロッテ	143	611	535	58	123	15	5	5	163	42	14	13	26	1	44	5	97	9	.230
2019	千葉ロッテ	81	278	250	36	66	14	1	2	88	21	3	1	10	2	16	0	33	4	.264
2020	千葉ロッテ	106	370	314	34	72	11	2	4	99	33	8	2	16	2	36	1	60	5	.229
通算		330	1259	1099	128	261	40	8	11	350	96	25	16	52	5	96	6	190	18	.237

INFIELDER

5 | HISANORI YASUDA

安田尚憲

若き大砲が
真の四番へ駆け上がる

昨季キャリアハイの113試合に出場し、四番にも抜擢されるなど、飛躍のきっかけをつかんだスラッガー。その一方で、打撃主要３部門では納得のいく数字は残せず、さらなるレベルアップへ意欲を燃やしている。春季キャンプでは強化指定選手に選ばれ、下半身強化を中心に猛練習に励んだ。今季は20本塁打を目標に主砲開眼を目指す。

PROFILE

❶内野手　❷1999年４月15日（22歳）
❸４年目　❹大阪府
❺188㎝・95kg　❻右投左打
❼A型
❽2018年8月10日（オリックス戦）

CAREER

履正社高㊙甲
➡ 千葉ロッテ（17年ドラフト1位～）

PERSONAL RECORDS

年度	所属球団	試合数	打席	打数	得点	安打	二塁打	三塁打	本塁打	塁打	打点	盗塁	盗塁刺	犠打	犠飛	四球	死球	三振	併殺打	打率
2018	千葉ロッテ	17	60	53	3	8	3	0	1	14	7	0	0	0	0	7	0	20	0	.151
2020	千葉ロッテ	113	460	393	32	87	19	1	6	126	54	2	1	0	4	62	1	106	10	.221
通算		130	520	446	35	95	22	1	7	140	61	2	1	0	4	69	1	126	10	.213

INFIELDER

8 | SHOGO NAKAMURA

中村奨吾

3年連続全試合出場中の新キャプテン

広い守備範囲とシュアな打撃が魅力。昨季は、チーム唯一の全試合出場を果たし、『パーソル クライマックス パ』進出に大きく貢献した。一方で、終盤に調子を落とし、チームを勝利に導けなかったことを反省。今季は、4年ぶりに復活したキャプテンとしてチームをけん引するのはもちろん、キャリアハイ更新を目指して圧倒的な存在感を示したい。

PROFILE

❶内野手　❷1992年5月28日（29歳）
❸7年目　❹兵庫県
❺180cm・88kg　❻右投右打
❼A型
❽2015年3月29日（福岡ソフトバンク戦）

CAREER

天理高㊙ ➡ 早稲田大
➡ 千葉ロッテ（14年ドラフト1位～）

PERSONAL RECORDS

年度	所属球団	試合数	打席	打数	得点	安打	二塁打	三塁打	本塁打	塁打	打点	盗塁	盗塁刺	犠打	犠飛	四球	死球	三振	併殺打	打率
2015	千葉ロッテ	111	299	269	43	62	4	4	5	89	21	4	4	9	2	15	4	69	4	.230
2016	千葉ロッテ	108	325	278	37	56	10	1	6	86	25	4	4	14	1	26	6	70	0	.201
2017	千葉ロッテ	85	312	280	32	77	13	2	9	121	32	11	3	5	1	20	6	63	5	.275
2018	千葉ロッテ	143	639	552	82	157	30	3	8	217	57	39	15	0	5	60	22	94	11	.284
2019	千葉ロッテ	143	586	512	68	119	22	0	17	192	59	12	6	6	3	53	12	96	10	.232
2020	千葉ロッテ	120	499	422	57	105	25	0	8	154	49	6	3	15	2	52	8	97	6	.249
通算		710	2660	2313	319	576	104	10	53	859	243	76	35	49	14	226	58	489	36	.249

INFIELDER

44 SEIYA INOUE

井上晴哉

悲願の本塁打王へ 復活なるか

パワフルな打撃でファンを魅了する長距離砲。3年連続20本塁打を目指した昨季は、自身初の1試合3本塁打をマークするなど、開幕から約2ヵ月で12本塁打を記録。しかし後半で失速し、最終的には15本と持ち味を発揮できなかった。今季はファーストのレギュラーに君臨し続け、30本塁打を目指して個人タイトル争いにも加わりたい。

PROFILE

❶内野手 ❷1989年7月3日(32歳)
❸8年目 ❹広島県
❺180cm・114kg ❻右投右打
❼A型
❽2014年3月28日(福岡ソフトバンク戦)

CAREER

崇徳高 ➡ 中央大 ➡ 日本生命
➡ 千葉ロッテ(13年ドラフト5位〜)

PERSONAL RECORDS

年度	所属球団	試合数	打席	打数	得点	安打	二塁打	三塁打	本塁打	塁打	打点	盗塁	盗塁刺	犠打	犠飛	四球	死球	三振	併殺打	打率
2014	千葉ロッテ	36	104	95	9	20	4	0	2	30	7	0	0	0	1	6	2	23	1	.211
2015	千葉ロッテ	5	12	11	0	2	0	0	0	2	0	0	0	0	0	1	0	1	1	.182
2016	千葉ロッテ	35	107	99	7	23	5	0	2	34	16	0	0	0	0	5	3	19	6	.232
2017	千葉ロッテ	35	119	113	5	26	7	0	0	33	11	0	0	0	0	5	1	26	2	.230
2018	千葉ロッテ	133	548	476	59	139	26	2	24	241	99	1	0	0	6	63	3	106	7	.292
2019	千葉ロッテ	129	509	429	60	108	16	1	24	198	65	0	0	0	3	67	9	98	10	.252
2020	千葉ロッテ	113	447	376	44	92	11	0	15	148	67	0	0	0	4	59	8	93	11	.245
通算		486	1846	1599	184	410	69	3	67	686	265	1	0	0	14	206	26	366	38	.256

INFIELDER

54 BRANDON LAIRD

ブランドン・レアード

“スシボーイ” 完全復活なるか

日本通算200本塁打まで残り31本に迫る長距離砲。昨年は腰痛の影響で長期離脱を余儀なくされ出場は39試合、来日後初の1ケタ本塁打に終わった。オフには腰椎椎間板ヘルニアの手術も受け、今季へ向けての不安を解消。本来のバッティングを取り戻し、おなじみの“スシポーズ”で球場に集まったファンへ勝利と笑顔を届けたい。

PROFILE

❶内野手　❷1987年9月11日(34歳)
❸7年目　❹アメリカ
❺185㎝・98kg　❻右投右打
❽2015年3月27日(楽天戦)

CAREER

ラ・キンタ高 ➡ サイプレス大 ➡ ヤンキース(07) ➡ アストロズ(12) ➡ ロイヤルズ(13) ➡ ナショナルズ(14) ➡ 北海道日本ハム(15) ➡ 千葉ロッテ(19～)

PERSONAL RECORDS

年度	所属球団	試合数	打席	打数	得点	安打	二塁打	三塁打	本塁打	塁打	打点	盗塁	盗塁刺	犠打	犠飛	四球	死球	三振	併殺打	打率
2015	北海道日本ハム	143	554	498	62	115	22	2	34	243	97	1	0	0	4	43	9	129	18	.231
2016	北海道日本ハム	143	598	547	71	144	21	0	39	282	97	0	0	0	4	44	3	138	16	.263
2017	北海道日本ハム	137	571	503	56	115	18	1	32	231	90	0	0	0	7	54	7	125	18	.229
2018	北海道日本ハム	120	505	450	47	105	14	2	26	201	65	0	1	0	4	44	7	124	10	.233
2019	千葉ロッテ	139	553	487	59	121	18	0	32	235	89	0	0	0	3	55	8	128	18	.248
2020	千葉ロッテ	39	147	133	15	31	3	0	6	52	15	0	0	0	1	13	0	28	5	.233
通算		**721**	**2928**	**2618**	**310**	**631**	**96**	**5**	**169**	**1244**	**453**	**1**	**1**	**0**	**23**	**253**	**34**	**672**	**85**	**.241**

TAIGA HIRASAWA

INFIELDER

13　平沢大河

才能ある若武者が進化を誓う

攻守ともに高いポテンシャルを秘める6年目。ここ2年はケガの影響もあり、昨年はプロ入り後初の一軍出場なしに終わった。この悔しさを晴らし、再びレギュラー争いに加わるため、さらなるレベルアップを目指す。

PROFILE

❶内野手　❷1997年12月24日(24歳)
❸6年目　❹宮城県
❺176cm・80kg　❻右投左打
❼A型
❽2016年5月11日(福岡ソフトバンク戦)

CAREER

仙台育英高㊙
➡千葉ロッテ(15年ドラフト1位～)

PERSONAL RECORDS

年度	所属球団	試合数	打席	打数	得点	安打	二塁打	三塁打	本塁打	塁打	打点	盗塁	盗塁刺	犠打	犠飛	四球	死球	三振	併殺打	打率
2016	千葉ロッテ	23	53	47	3	7	2	1	0	11	3	0	0	2	0	4	0	18	1	.149
2017	千葉ロッテ	50	129	119	9	21	2	1	1	28	3	1	0	3	0	6	1	40	1	.176
2018	千葉ロッテ	112	353	291	40	62	15	2	5	96	32	8	2	8	3	48	3	82	1	.213
2019	千葉ロッテ	51	108	91	10	18	3	1	1	26	8	0	2	5	0	12	0	28	0	.198
通算		236	643	548	62	108	22	5	7	161	46	9	4	18	3	70	4	168	3	.197

RYO MIKI

INFIELDER

23 三木 亮

打撃向上で存在感を示せるか

複数の内野ポジションをこなせるユーティリティープレーヤー。昨季は右ひざを痛め、本来の力を出しきれなかった。オフに手術を受け、万全な状態で迎える今季はチームに欠かせないピースとなる。

PROFILE

❶内野手 ❷1991年10月25日(30歳)
❸8年目 ❹大阪府
❺175cm・78kg ❻右投右打
❼A型
❽2014年4月13日(楽天戦)

CAREER

遊学館高
➡上武大
➡千葉ロッテ(13年ドラフト3位〜)

PERSONAL RECORDS

年度	所属球団	試合数	打席	打数	得点	安打	二塁打	三塁打	本塁打	塁打	打点	盗塁	盗塁刺	犠打	犠飛	四球	死球	三振	併殺打	打率
2014	千葉ロッテ	18	20	17	0	3	0	0	0	3	0	0	0	2	0	1	0	5	2	.176
2015	千葉ロッテ	40	29	29	6	4	0	0	1	7	2	1	0	0	0	0	0	5	2	.138
2016	千葉ロッテ	75	58	54	8	10	1	1	0	13	2	0	0	3	0	1	0	17	1	.185
2017	千葉ロッテ	85	229	207	18	50	9	0	2	65	19	0	1	9	2	8	3	55	1	.242
2018	千葉ロッテ	66	41	34	11	8	1	0	0	9	4	3	0	5	0	1	1	8	2	.235
2019	千葉ロッテ	89	145	126	20	27	3	0	2	36	15	5	0	8	1	6	4	38	1	.214
2020	千葉ロッテ	22	5	4	1	1	0	0	0	1	0	0	0	1	0	0	0	2	0	.250
通算		395	527	471	64	103	14	1	5	134	42	9	1	28	3	17	8	130	9	.219

Marines

KOKI FUKUDA

INFIELDER

40 福田光輝

2年目の飛躍へ準備万端!

積極性あふれる打撃と堅守が魅力の内野手。ルーキーイヤーは、開幕一軍を勝ち取るも、出場は15試合で打率.087とプロの壁にぶち当たった。今季は、この悔しさを糧に一軍定着へ意欲を燃やす。

PROFILE

❶内野手 ❷1997年11月16日(24歳)
❸2年目 ❹大阪府
❺176cm・80kg ❻右投左打
❼A型
❽2020年6月19日(福岡ソフトバンク戦)

CAREER

大阪桐蔭高㊙
➡法政大
➡千葉ロッテ(19年ドラフト5位〜)

PERSONAL RECORDS

年度	所属球団	試合数	打席	打数	得点	安打	二塁打	三塁打	本塁打	塁打	打点	盗塁	盗塁刺	犠打	犠飛	四球	死球	三振	併殺打	打率
2020	千葉ロッテ	15	26	23	2	2	1	0	0	3	0	0	0	0	0	3	0	8	0	.087
通算		15	26	23	2	2	1	0	0	3	0	0	0	0	0	3	0	8	0	.087

❶ポジション ❷生年月日 ※年齢は2021年満年齢 ❸プロ在籍年数 ❹出身 ❺身長・体重 ❻投打 ❼血液型 ❽初登板・初出場 ㊙=甲子園出場

SHIN MATSUDA

INFIELDER

50 松田 進

身体能力の高さを開花できるか

攻守にわたり高い才能を秘める大型遊撃手。プロ2年目は、終盤に一軍に昇格はしたものの、出場なしでシーズンを終えた。一軍でチャンスを得るためにも、まずはファームで圧倒的な数字を残したい。

PROFILE

❶内野手　❷1994年8月29日(27歳)
❸3年目　❹神奈川県
❺188cm・93kg　❻右投右打
❼O型
❽2019年5月10日(福岡ソフトバンク戦)

CAREER

国学院久我山高㊙
➡中央大
➡Honda
➡千葉ロッテ(18年ドラフト7位〜)

PERSONAL RECORDS

年度	所属球団	試合数	打席	打数	得点	安打	二塁打	三塁打	本塁打	塁打	打点	盗塁	盗塁刺	犠打	犠飛	四球	死球	三振	併殺打	打率
2019	千葉ロッテ	3	6	5	0	1	0	0	0	1	1	0	1	0	0	1	0	1	0	.200
通算		3	6	5	0	1	0	0	0	1	1	0	1	0	0	1	0	1	0	.200

NEW　ADEINY HECHAVARRIA

INFIELDER

55 アデイニー・エチェバリア

巧打堅守のユーティリティー助っ人

華麗な守備とシュアな打撃でメジャーでも活躍した新外国人選手。ショート以外にも、セカンド、サードもこなせる器用さも魅力のひとつだ。打撃面でも日本にアジャストできれば、内野陣の層はより強固なものになる。

PROFILE

❶内野手　❷1989年4月15日(32歳)
❸1年目　❹キューバ
❺183cm・90kg　❻右投右打

CAREER

ホセ・アントニオ・アルスアガ高 ➡ アビスパス・デ・サンティアゴ・デ・クーバ(06) ➡ ブルージェイズ(10) ➡ マーリンズ(12) ➡ レイズ(17) ➡ パイレーツ(18) ➡ ヤンキース(18) ➡ メッツ(19) ➡ ブレーブス(19) ➡ 千葉ロッテ(21〜)

PERSONAL RECORDS

年度	所属球団	試合数	打数	得点	安打	二塁打	三塁打	本塁打	塁打	打点	盗塁	盗塁刺	犠打	犠飛	四球	死球	三振	併殺打	打率
NO DATA																			
通算		-	-	-	-	-	-	-	-	-	-	-	-	-	-	-	-	-	-

KENTA CHATANI

INFIELDER

67 茶谷健太

さらなるアピールで一軍定着なるか

プロ入り後、内野手に転向した強肩内野手。移籍２年目の昨年は、守備固めや代走などを中心に31試合に出場し経験を積んだ。高い身体能力の持ち主だけに、きっかけをつかめば一気に飛躍の可能性も大だ。

PROFILE

❶内野手　❷1998年1月16日（23歳）
❸６年目　❹神奈川県
❺186cm・90kg　❻右投右打
❼O型
❽2017年10月８日（楽天戦）

CAREER

帝京第三高
➡福岡ソフトバンク（15年ドラフト4位）
➡千葉ロッテ（19〜）

PERSONAL RECORDS

年度	所属球団	試合数	打席	打数	得点	安打	二塁打	三塁打	本塁打	塁打	打点	盗塁	盗塁刺	犠打	犠飛	四球	死球	三振	併殺打	打率
2017	福岡ソフトバンク	1	2	2	0	1	0	0	0	1	0	0	0	0	0	0	0	0	0	.500
2020	千葉ロッテ	31	17	16	1	1	0	0	0	1	0	1	0	1	0	0	0	6	0	.063
通算		32	19	18	1	2	0	0	0	2	0	1	0	1	0	0	0	6	0	.111

KENJI NISHIMAKI

INFIELDER

68 西巻賢二

打撃開眼でレギュラー争いに参戦！

移籍１年目の昨季は、ファームで実績を残し10月に一軍に昇格。出場11試合中7試合でスタメンを務めた。守備には定評がある注目株だけに、打撃でさらなるレベルアップができれば一軍定着も夢ではない。

PROFILE

❶内野手　❷1999年４月22日（22歳）
❸４年目　❹福島県
❺167cm・70kg　❻右投右打
❼A型
❽2018年６月17日（阪神戦）

CAREER

仙台育英高㊙
➡楽天（17年ドラフト6位）
➡千葉ロッテ（20〜）

PERSONAL RECORDS

年度	所属球団	試合数	打席	打数	得点	安打	二塁打	三塁打	本塁打	塁打	打点	盗塁	盗塁刺	犠打	犠飛	四球	死球	三振	併殺打	打率
2018	楽天	25	82	77	4	19	3	0	0	22	3	0	0	2	0	3	0	18	1	.247
2019	楽天	2	1	1	0	0	0	0	0	0	0	0	0	0	0	0	0	1	0	.000
2020	千葉ロッテ	11	19	16	2	4	1	0	0	5	0	0	1	1	0	2	0	6	0	.250
通算		38	102	94	6	23	4	0	0	27	3	0	1	3	0	5	0	25	1	.245

❶ポジション　❷生年月日 ※年齢は2021年満年齢　❸プロ在籍年数　❹出身　❺身長・体重　❻投打　❼血液型　❽初登板・初出場　㊙＝甲子園出場

やすらぎと華やぎが出会う場所。

RESTAURANTS & BAR

レストラン「セレニティ」
ランチタイム　11:00a.m.～3:00p.m.
ディナータイム　5:00p.m.～8:30p.m.

日本料理・鉄板焼「はや瀬」
ランチタイム　11:00a.m.～2:00p.m.
ディナータイム　5:00p.m.～8:30p.m.

中国料理「桃李」
ランチタイム　11:00a.m.～
ディナータイム　5:00p.m.～

ロビーラウンジ「シャルール」
9:00a.m.～7:00p.m.

バー「ナイト」
6:00p.m.～11:00p.m.

公式ホ

ホテルメトロポリタン仙台
〒980-8477 宮城県仙台市青葉区中央一丁目1-1
TEL 022-268-2525（代表）
https://sendai.metropolitan.jp/

OUTFIELDER

0 TAKASHI OGINO

荻野貴司

快足を飛ばし
再びフル稼働を期待

球界屈指のスピードを誇る外野手。鮮烈デビューのプロ１年目を含めて故障に悩まされながらも、その中でも11年連続2ケタ盗塁を記録。2019年には自己最多の125試合に出場してベストナイン、ゴールデングラブ賞を受賞した。ベテランの域に達しても快足ぶりは健在。試合に出れば必ずチームの勝利に貢献できる男だ。

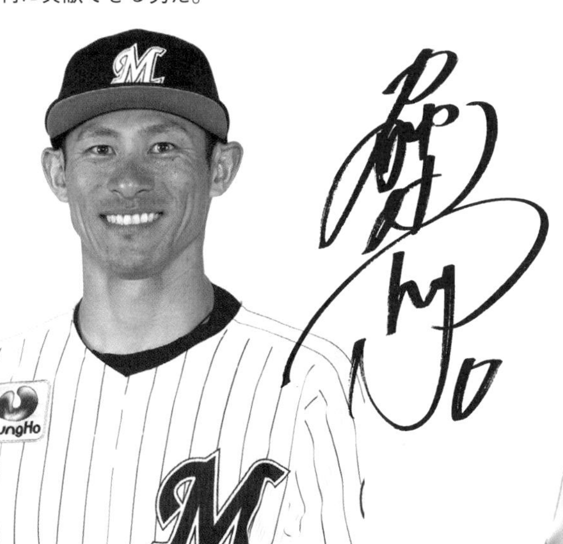

PROFILE

❶外野手	❷1985年10月21日（36歳）
❸12年目	❹奈良県
❺172㎝・75kg	❻右投右打
❼O型	
❽2010年3月20日（埼玉西武戦）	

CAREER

奈良・郡山高 ➡ 関西学院大 ➡ トヨタ自動車

➡ 千葉ロッテ（09年ドラフト1位～）

PERSONAL RECORDS

年度	所属球団	試合数	打席	打数	得点	安打	二塁打	三塁打	本塁打	塁打	打点	盗塁	盗塁刺	犠打	犠飛	四球	死球	三振	併殺打	打率
2010	千葉ロッテ	46	217	175	29	57	9	2	1	73	17	25	3	21	3	16	2	24	2	.326
2011	千葉ロッテ	23	103	91	14	24	4	0	0	28	10	14	1	3	1	7	1	6	1	.264
2012	千葉ロッテ	61	187	165	18	37	5	0	1	45	8	13	3	6	0	11	5	17	0	.224
2013	千葉ロッテ	102	397	335	52	92	14	3	4	124	28	26	3	17	3	32	9	26	4	.275
2014	千葉ロッテ	40	155	142	26	37	10	2	3	60	12	15	1	5	0	8	0	14	1	.261
2015	千葉ロッテ	82	309	279	42	75	9	2	2	94	13	18	5	9	1	16	4	38	5	.269
2016	千葉ロッテ	71	219	192	35	48	11	1	3	70	21	16	2	9	0	14	4	25	3	.250
2017	千葉ロッテ	103	394	356	53	94	22	1	5	133	24	26	3	10	1	25	2	44	6	.264
2018	千葉ロッテ	78	351	317	52	91	15	3	2	118	25	20	6	9	3	13	9	25	6	.287
2019	千葉ロッテ	125	569	508	76	160	35	7	10	239	46	28	10	9	4	40	8	56	4	.315
2020	千葉ロッテ	53	236	203	30	59	17	0	1	79	10	19	4	6	1	24	2	23	2	.291
通算		784	3137	2763	427	774	151	21	32	1063	214	220	41	104	17	206	46	298	34	.280

❶ポジション　❷生年月日 ※年齢は2021年満年齢　❸プロ在籍年数　❹出身　❺身長・体重　❻投打　❼血液型　❽初登板・初出場　㊙＝甲子園出場

OUTFIELDER

2 KYOTA FUJIWARA

藤原恭大

一軍の経験を糧に
飛躍のプロ3年目へ

甲子園春夏連覇からドラフト1位でプロ入りした球界のスター候補。走攻守に高いポテンシャルを持ち、1年目の開幕戦でプロ初出場初安打をマーク。昨年は、10月に一軍昇格を果たすとすぐさま、先頭打者アーチを放つインパクトを残した。今季の目標は「全試合出場」。不動のリードオフマンになる。

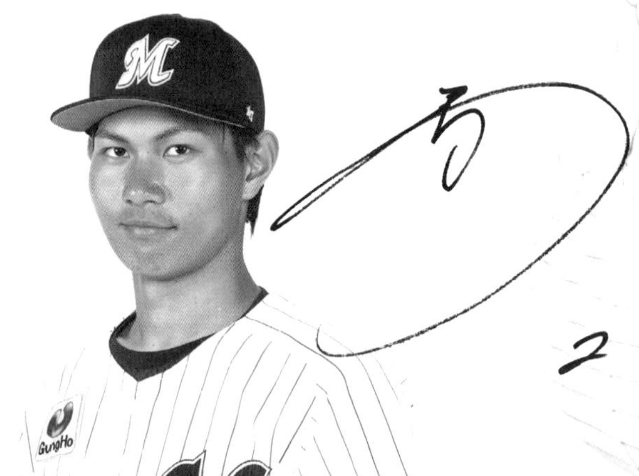

PROFILE

❶外野手 ❷2000年5月6日(21歳)
❸3年目 ❹大阪府
❺181cm・80kg ❻左投左打
❼B型
❽2019年3月29日(楽天戦)

CAREER

大阪桐蔭高(甲)
➡ 千葉ロッテ(18年ドラフト1位～)

PERSONAL RECORDS

年度	所属球団	試合数	打席	打数	得点	安打	二塁打	三塁打	本塁打	塁打	打点	盗塁	盗塁刺	犠打	犠飛	四球	死球	三振	併殺打	打率
2019	千葉ロッテ	6	19	19	0	2	0	0	0	2	2	0	0	0	0	0	0	6	0	.105
2020	千葉ロッテ	26	105	96	10	25	5	0	3	39	10	4	1	2	1	6	0	33	1	.260
通算		32	124	115	10	27	5	0	3	41	12	4	1	2	1	6	0	39	1	.235

OUTFIELDER

3 KATSUYA KAKUNAKA

角中勝也

稀代のバットマン 今季も快音を鳴らす

卓越したバットコントロールと粘り強い打撃で2012、16年と過去２度の首位打者に輝いた安打製造機。昨季は８年続いた100試合出場が途切れたが、その中でも代打本塁打を放つなどの勝負強さを披露した。若手の台頭、激しい定位置争いにも負けない。独立リーグ経由NPB入りのパイオニアとして快音を響かせ続ける。

PROFILE

❶外野手 ❷1987年５月25日（34歳）
❸15年目 ❹石川県
❺180cm・85kg ❻右投左打
❼A型
❽2007年7月24日（福岡ソフトバンク戦）

CAREER

日本航空二高 ➡ 四国IL・高知
➡ 千葉ロッテ（06年大社ドラフト7位～）

PERSONAL RECORDS

年度	所属球団	試合数	打席	打数	得点	安打	二塁打	三塁打	本塁打	塁打	打点	盗塁	盗塁刺	犠打	犠飛	四球	死球	三振	併殺打	打率
2007	千葉ロッテ	9	17	17	2	4	0	0	0	4	2	0	1	0	0	0	0	4	1	.235
2008	千葉ロッテ	10	23	18	2	2	0	0	1	5	1	0	0	1	0	4	0	4	0	.111
2009	千葉ロッテ	10	21	18	1	3	0	1	0	5	1	1	0	1	0	2	0	5	0	.167
2010	千葉ロッテ	13	23	18	1	0	0	0	0	0	0	0	0	1	0	4	0	6	0	.000
2011	千葉ロッテ	51	171	154	9	41	5	1	0	48	10	2	0	1	3	9	4	30	2	.266
2012	千葉ロッテ	128	525	477	51	149	30	5	3	198	61	8	4	1	4	38	5	68	9	.312
2013	千葉ロッテ	125	525	462	65	133	26	6	5	186	43	10	6	6	3	50	4	63	3	.288
2014	千葉ロッテ	133	544	451	62	125	22	5	8	181	57	9	1	7	4	76	6	66	4	.277
2015	千葉ロッテ	111	484	427	57	125	20	5	6	173	52	8	4	7	2	47	1	52	12	.293
2016	千葉ロッテ	143	607	525	74	178	30	5	8	242	69	12	4	2	6	68	6	64	8	.339
2017	千葉ロッテ	110	452	383	44	103	17	4	8	152	44	6	1	1	2	62	4	44	6	.269
2018	千葉ロッテ	112	470	411	44	109	23	2	7	157	57	3	3	0	6	48	5	63	9	.265
2019	千葉ロッテ	108	435	368	47	95	17	1	8	138	48	2	2	3	4	55	5	63	10	.258
2020	千葉ロッテ	84	254	217	21	53	9	3	2	74	15	2	0	7	1	24	5	41	7	.244
通算		1147	4551	3946	480	1120	199	38	56	1563	460	63	26	38	35	487	45	573	71	.284

❶ポジション ❷生年月日 ※年齢は2021年満年齢 ❸プロ在籍年数 ❹出身 ❺身長・体重 ❻投打 ❼血液型 ❽初登板・初出場 ㊙=甲子園出場

OUTFIELDER

7 SHUHEI FUKUDA

福田秀平

初の全試合出場へ
抜群の勝負強さを発揮する

質の高い守備力と俊足、パンチ力を持つ実力者。移籍初年度の昨季は、好調だったオープン戦から一転、右肩甲骨亀裂骨折で戦線離脱するも、10月に2試合連続本塁打を放つなど存在感を見せつけた。今季は万全のコンディションでグラウンドを暴れ回りたい。

PROFILE

❶外野手 ❷1989年2月10日（32歳）
❸15年目 ❹神奈川県
❺182cm・77kg ❻右投左打
❼AB型
❽2010年4月30日（千葉ロッテ戦）

CAREER

多摩大付属聖ヶ丘高 ➡ 福岡ソフトバンク（06年高校生ドラフト1位）➡ 千葉ロッテ（20〜）

PERSONAL RECORDS

年度	所属球団	試合数	打席	打数	得点	安打	二塁打	三塁打	本塁打	塁打	打点	盗塁	盗塁刺	犠打	犠飛	四球	死球	三振	併殺打	打率
2010	福岡ソフトバンク	44	29	23	15	6	2	0	0	8	3	3	0	4	0	2	0	8	0	.261
2011	福岡ソフトバンク	97	244	218	30	55	7	3	1	71	22	22	2	16	1	4	5	48	1	.252
2012	福岡ソフトバンク	63	55	53	12	10	1	0	0	11	5	13	0	1	0	1	0	18	0	.189
2013	福岡ソフトバンク	33	28	25	4	3	1	1	0	6	1	1	0	2	0	1	0	10	0	.120
2015	福岡ソフトバンク	84	183	168	28	39	11	2	1	57	14	10	4	3	0	12	0	35	1	.232
2016	福岡ソフトバンク	81	239	212	30	49	5	4	3	71	18	11	3	4	2	20	1	51	2	.231
2017	福岡ソフトバンク	104	113	104	15	19	2	1	3	32	16	4	2	3	0	6	0	34	1	.183
2018	福岡ソフトバンク	110	128	118	28	31	6	0	7	58	15	6	1	4	0	4	2	35	6	.263
2019	福岡ソフトバンク	80	183	166	27	43	8	0	9	78	26	9	3	4	2	11	0	48	1	.259
2020	千葉ロッテ	62	225	204	20	44	11	1	5	72	19	3	5	4	0	17	0	73	3	.216
通算		758	1427	1291	209	299	54	12	29	464	139	82	20	45	5	78	8	360	15	.232

OUTFIELDER

31 TSUYOSHI SUGANO

菅野剛士

パンチ力＆出塁率 レギュラー奪取を狙う

小柄ながら鋭いスイングで長打を放つ外野手。プロ３年目の昨季は自己最多の81試合に出場してチームの勝利に貢献。一塁手としても12試合に出場した。特筆すべきが出塁率の高さ。昨季は通算45四球を選んで出塁率.389をマークし、そのうち三番打者を務めた28試合では出塁率.436だった。激しいレギュラー争いが続く中で存在感を見せる。

PROFILE

❶外野手 ❷1993年5月6日（28歳）
❸４年目 ❹東京都
❺171㎝・83kg ❻右投左打
❼A型
❽2018年３月30日（楽天戦）

CAREER

東海大付属相模高㊙ ➡ 明治大 ➡ 日立製作所
➡ 千葉ロッテ（17年ドラフト4位～）

PERSONAL RECORDS

年度	所属球団	試合数	打席	打数	得点	安打	二塁打	三塁打	本塁打	塁打	打点	盗塁	盗塁刺	犠打	犠飛	四球	死球	三振	併殺打	打率
2018	千葉ロッテ	53	161	131	15	23	3	2	2	36	18	1	0	4	1	20	5	27	4	.176
2019	千葉ロッテ	28	73	66	7	13	2	0	3	24	7	0	0	0	0	6	1	11	0	.197
2020	千葉ロッテ	81	275	223	24	58	10	3	2	80	20	1	3	5	0	45	2	55	7	.260
通算		162	509	420	46	94	15	5	7	140	45	2	3	9	1	71	8	93	11	.224

❶ポジション ❷生年月日 ※年齢は2021年満年齢 ❸プロ在籍年数 ❹出身 ❺身長・体重 ❻投打 ❼血液型 ❽初登板・初出場 ㊙＝甲子園出場

OUTFIELDER

79 LEONYS MARTIN

レオネス・マーティン

勝利を呼ぶ男
不敗神話を再び

メジャー通算９年間で58本塁打、228打点、126盗塁の優れた実績を持つキューバ砲。来日２年目の昨季は、チーム最多となる25本塁打を放ち、自身が打てばチームが負けない不敗神話（12連勝）をつくった。12球団トップタイの８補殺を記録した強肩も大きな武器だ。強いチーム愛を胸に活躍を誓う。

PROFILE

❶外野手 ❷1988年3月6日（33歳）
❸３年目 ❹キューバ
❺189㎝・91kg ❻右投左打
❽2019年７月26日（楽天戦）

CAREER

マニュエル・ファハルドキューバ国立体育大 ➡ ナランハス・デ・ビジャ・クララ(05) ➡ レンジャーズ(11) ➡ マリナーズ(16) ➡ カブス(17) ➡ タイガース(18) ➡ インディアンス(18) ➡ 千葉ロッテ(19〜)

PERSONAL RECORDS

年度	所属球団	試合数	打席	打数	得点	安打	二塁打	三塁打	本塁打	塁打	打点	盗塁	盗塁刺	犠打	犠飛	四球	死球	三振	併殺打	打率
2019	千葉ロッテ	52	228	194	32	45	9	0	14	96	39	3	3	0	1	26	7	57	4	.232
2020	千葉ロッテ	104	448	359	72	84	15	0	25	174	65	7	2	0	2	70	17	100	10	.234
通　算		156	676	553	104	129	24	0	39	270	104	10	5	0	3	96	24	157	14	.233

IKUHIRO KIYOTA

OUTFIELDER

1 清田育宏

元侍戦士、奮起を期待

パンチ力を秘めた広角打法で、2015年にはベストナイン&ゴールデングラブ賞を受賞。侍ジャパン入りも果たした。昨季は代打で16打数8安打の打率5割をマークしながら、スタメン四番にも計7試合座って奮闘した。

PROFILE

❶外野手　❷1986年2月11日(35歳)
❸12年目　❹千葉県
❺180cm・85kg　❻右投右打
❼A型
❽2010年5月24日(阪神戦)

CAREER

市立柏高
➡東洋大
➡NTT東日本
➡千葉ロッテ(09年ドラフト4位～)

PERSONAL RECORDS

年度	所属球団	試合数	打席	打数	得点	安打	二塁打	三塁打	本塁打	塁打	打点	盗塁	盗塁刺	犠打	犠飛	四球	死球	三振	併殺打	打率
2010	千葉ロッテ	64	223	186	34	54	11	0	2	71	18	5	1	11	1	19	6	51	3	.290
2011	千葉ロッテ	78	262	238	16	58	21	0	3	88	25	2	1	3	3	15	3	63	2	.244
2012	千葉ロッテ	87	292	253	28	71	15	2	3	99	29	5	5	3	2	34	0	46	5	.281
2013	千葉ロッテ	68	223	184	23	47	9	2	3	69	18	3	2	6	2	29	2	51	5	.255
2014	千葉ロッテ	24	59	47	8	8	2	1	4	24	10	0	1	2	0	8	2	16	1	.170
2015	千葉ロッテ	130	548	489	67	155	38	4	15	246	67	10	4	0	2	54	3	93	11	.317
2016	千葉ロッテ	106	417	365	39	82	17	1	6	119	38	5	0	3	0	40	9	76	12	.225
2017	千葉ロッテ	79	263	231	28	47	8	1	3	66	21	3	0	5	0	24	3	61	8	.203
2018	千葉ロッテ	96	303	261	18	59	10	1	2	77	27	2	2	6	4	32	0	63	8	.226
2019	千葉ロッテ	117	377	336	49	85	8	2	10	127	57	1	3	2	2	35	2	77	6	.253
2020	千葉ロッテ	70	209	180	18	50	13	0	7	84	23	0	0	5	0	22	2	52	6	.278
通算		919	3176	2770	328	716	152	14	58	1070	333	36	19	46	16	312	32	649	67	.258

Marines

SHOHEI KATOH

OUTFIELDER

10 加藤翔平

イースタン首位打者、激しい競争に挑む

走攻守において高い身体能力を発揮するスイッチヒッター。昨季は二軍で打率.345をマークしてイースタン・リーグの首位打者に輝き、一軍でも主力離脱のピンチに存在感を見せた。出番を増やしてチームに貢献したい。

PROFILE

❶外野手　❷1991年3月28日(30歳)
❸9年目　❹埼玉県
❺183cm・84kg　❻右投両打
❼AB型
❽2013年5月12日(楽天戦)

CAREER

春日部東高
➡上武大
➡千葉ロッテ(12年ドラフト4位～)

PERSONAL RECORDS

年度	所属球団	試合数	打席	打数	得点	安打	二塁打	三塁打	本塁打	塁打	打点	盗塁	盗塁刺	犠打	犠飛	四球	死球	三振	併殺打	打率
2013	千葉ロッテ	23	28	26	2	4	0	0	1	7	1	0	1	2	0	0	0	8	0	.154
2014	千葉ロッテ	98	342	320	43	81	16	2	3	110	18	5	5	10	0	8	4	71	2	.253
2015	千葉ロッテ	21	63	57	3	13	1	0	0	14	2	2	0	3	0	3	0	11	0	.228
2016	千葉ロッテ	80	246	216	29	53	8	3	0	67	12	6	1	16	0	13	1	46	1	.245
2017	千葉ロッテ	98	292	271	24	72	12	5	5	109	27	7	4	12	2	6	1	44	2	.266
2018	千葉ロッテ	69	132	121	12	28	6	2	0	38	9	7	0	4	1	5	1	25	3	.231
2019	千葉ロッテ	60	120	109	12	22	3	1	4	39	9	4	2	2	0	7	2	32	2	.202
2020	千葉ロッテ	22	79	70	13	21	5	1	0	28	3	3	2	0	0	8	1	15	0	.300
通算		471	1302	1190	138	294	51	14	13	412	81	34	15	49	3	50	10	252	10	.247

❶ポジション　❷生年月日 ※年齢は2021年満年齢　❸プロ在籍年数　❹出身　❺身長・体重　❻投打　❼血液型　❽初登板・初出場　甲=甲子園出場

OUTFIELDER

HIROMI OKA

25 岡 大海

ピカイチの潜在能力、打撃改造で飛躍へ

高いポテンシャルを秘める外野手。移籍３年目だった昨季はスタメン出場の機会を減らしたが、代走などでチームの勝利に貢献した。７月に30歳となる今季は、持ち前のパンチ力を発揮して出番を増やす。

PROFILE

❶外野手　❷1991年７月15日（30歳）
❸８年目　❹岡山県
❺185cm・80kg　❻右投右打
❼B型
❽2014年３月28日（オリックス戦）

CAREER

倉敷商高㊙
➡明治大
➡北海道日本ハム（13年ドラフト3位）
➡千葉ロッテ（18～）

PERSONAL RECORDS

年度	所属球団	試合数	打席	打数	得点	安打	二塁打	三塁打	本塁打	塁打	打点	盗塁	盗塁刺	犠打	犠飛	四球	死球	三振	併殺打	打率
2014	北海道日本ハム	15	39	35	3	4	0	0	0	4	0	1	1	1	0	3	0	8	0	.114
2015	北海道日本ハム	101	294	259	35	61	14	0	4	87	26	18	3	10	1	17	7	64	8	.236
2016	北海道日本ハム	41	154	131	28	49	7	0	2	62	12	9	1	3	1	15	4	27	4	.374
2017	北海道日本ハム	60	132	124	15	21	4	1	0	27	7	6	2	3	1	4	0	34	4	.169
2018	北海道日本ハム	28	60	52	11	8	3	0	0	11	7	5	0	2	0	4	2	12	3	.154
2018	千葉ロッテ	51	166	142	19	29	5	0	3	43	13	7	2	2	2	15	5	30	3	.204
2019	千葉ロッテ	95	182	154	36	35	8	1	6	63	16	13	1	3	1	18	6	32	5	.227
2020	千葉ロッテ	62	64	56	12	8	0	0	0	8	2	7	3	1	0	7	0	18	1	.143
通算		453	1091	953	159	215	41	2	15	305	83	66	13	25	6	83	24	225	28	.226

OUTFIELDER

AKITO TAKABE

38 髙部瑛斗

優れたミート力、レギュラー奪取を狙う

俊足に加えて巧みなバットコントロールが魅力。プロ１年目の昨季は２月に右手骨折のアクシデントも、二軍でリーグ2位の打率.344をマーク。10月には一軍昇格を果たしてプロ初安打を放った。２年目の活躍に期待だ。

PROFILE

❶外野手　❷1997年12月11日（24歳）
❸２年目　❹神奈川県
❺178cm・72kg　❻右投左打
❼A型
❽2020年10月6日（オリックス戦）

CAREER

東海大甲府高㊙
➡国士舘大
➡千葉ロッテ（19年ドラフト3位～）

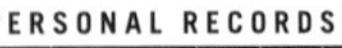

PERSONAL RECORDS

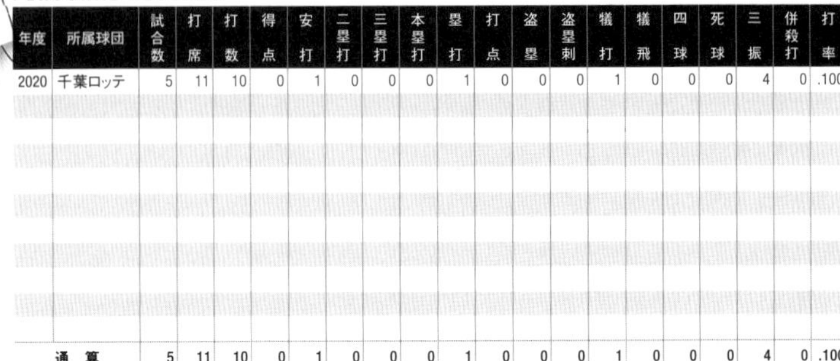

年度	所属球団	試合数	打席	打数	得点	安打	二塁打	三塁打	本塁打	塁打	打点	盗塁	盗塁刺	犠打	犠飛	四球	死球	三振	併殺打	打率
2020	千葉ロッテ	5	11	10	0	1	0	0	0	1	0	0	0	1	0	0	0	4	0	.100
通算		5	11	10	0	1	0	0	0	1	0	0	0	1	0	0	0	4	0	.100

KOKI YAMAGUCHI

OUTFIELDER

51 山口航輝

雰囲気を漂わせる、将来の四番候補

パワフルなスイングが魅力の将来のクリーンナップ候補。高校時代は『四番＆エース』として活躍。プロ２年目の昨季、二軍の四番に定着して７本塁打、30打点をマークした。一軍デビューから一気にブレイクを目指す。

PROFILE

❶外野手　❷2000年８月18日（21歳）
❸３年目　❹大阪府
❺183㎝・97kg　❻右投右打
❼A型

CAREER

明桜高㊙
➡千葉ロッテ（18年ドラフト4位～）

PERSONAL RECORDS

年度	所属球団	試合数	打席	打数	得点	安打	二塁打	三塁打	本塁打	塁打	打点	盗塁	盗塁刺	犠打	犠飛	四球	死球	三振	併殺打	打率
2019イ	千葉ロッテ	114	310	290	27	69	10	1	6	99	29	0	1	0	2	16	2	71	9	.238
2020イ	千葉ロッテ	70	267	244	29	63	8	2	7	96	30	0	4	0	2	19	2	51	14	.258
通算		-	-	-	-	-	-	-	-	-	-	-	-	-	-	-	-	-	-	-

Marines

KOSHIRO WADA

OUTFIELDER

63 和田康士朗

類稀なスピード、ダイヤモンドを駆け抜ける

圧倒的なスピードを誇るマリンの疾風。育成入団３年目の昨季開幕前に支配下登録されると、開幕一軍入りから計71試合に出場。リーグ３位の23盗塁をマークし、盗塁成功率.885を誇った。チームの切り札として躍動する。

PROFILE

❶外野手　❷1999年１月14日（22歳）
❸４年目　❹埼玉県
❺185㎝・77kg　❻左投左打
❼B型
❽2020年６月19日（福岡ソフトバンク戦）

CAREER

埼玉・小川高
➡BC・富山
➡千葉ロッテ（17年育成ドラフト1位～）

PERSONAL RECORDS

年度	所属球団	試合数	打席	打数	得点	安打	二塁打	三塁打	本塁打	塁打	打点	盗塁	盗塁刺	犠打	犠飛	四球	死球	三振	併殺打	打率
2020	千葉ロッテ	71	69	59	24	12	1	0	0	13	0	23	3	3	0	6	1	23	0	.203
通算		71	69	59	24	12	1	0	0	13	0	23	3	3	0	6	1	23	0	.203

❶ポジション　❷生年月日 ※年齢は2021年満年齢　❸プロ在籍年数　❹出身　❺身長・体重　❻投打　❼血液型　❽初登板・初出場　㊙＝甲子園出場

RYOTARO MORI

PITCHER

123 森遼大朗

力を蓄える本格派右腕

美しい投球フォームから投じられる切れ味鋭いスライダーが武器。体づくりを進めながらピッチングの質も向上。昨季は二軍で14試合に登板し、計61イニングはチーム最多だった。勝てる投手となって支配下入りを目指す。

PROFILE

❶ 投手　❷ 1999年4月22日（22歳）
❸ 4年目　❹ 宮崎県
❺ 180cm・87kg　❻ 右投左打
❼ A型

CAREER

都城商高
➡千葉ロッテ（17年育成ドラフト2位〜）

PERSONAL RECORDS

年度	所属球団	登板	勝利	敗北	セーブ	ホールド	HP	完投	完封勝	無四球	勝率	打者	投球回	安打	本塁打	四球	死球	三振	暴投	ボーク	失点	自責点	防御率
2018イ	千葉ロッテ	1	0	0	0	-	-	0	0	0	.000	4	1	0	0	1	0	0	0	0	0	0	0.00
2019イ	千葉ロッテ	17	2	2	0	-	-	0	0	0	.500	170	34 1/3	52	1	13	5	26	7	0	31	24	6.29
2020イ	千葉ロッテ	14	1	6	0	-	-	1	0	0	.143	260	61	66	6	19	3	45	0	0	26	26	3.84
通算		-	-	-	-	-	-	-	-	-	-	-	-	-	-	-	-	-	-	-	-	-	-

Marines

SHU HARA

PITCHER

126 原 嵩

気持ち新たに、再起を図る

高校時代には打者としても高い評価を得ていた本格派右腕。入団5年間で一軍登板がなく、今季から育成契約となって再出発。高い身体能力に対する期待は高く、フォームが安定すれば結果はついてくるはずだ。

PROFILE

❶投手　❷1997年12月6日(24歳)
❸6年目　❹茨城県
❺185cm・85kg　❻右投右打
❼B型

CAREER

専大松戸高㊙
➡千葉ロッテ(15年ドラフト5位～)

PERSONAL RECORDS

年度	所属球団	登板	勝利	敗北	セーブ	ホールド	HP	完投	完封勝	無四球	勝率	打者	投球回	安打	本塁打	四球	死球	三振	暴投	ボーク	失点	自責点	防御率
2016イ	千葉ロッテ	8	1	4	0	-	-	0	0	0	.200	80	20	13	5	12	0	8	0	0	9	9	4.05
2017イ	千葉ロッテ	13	0	4	0	-	-	0	0	0	.000	194	37 2/3	56	9	26	3	26	1	0	39	35	8.36
2019イ	千葉ロッテ	20	3	3	0	-	-	0	0	0	.500	224	54	43	4	23	2	58	3	0	24	22	3.67
2020イ	千葉ロッテ	17	0	2	0	-	-	0	0	0	.000	114	22 2/3	27	2	17	1	22	0	0	26	20	7.94
通算		-	-	-	-	-	-	-	-	-	-	-	-	-	-	-	-	-	-	-	-	-	-

Marines

JOSE ACOSTA

PITCHER

128 ホセ・アコスタ

ポテンシャルを秘めるリリーバー

ドミニカ共和国出身の大型右腕。プロ未経験で入団した昨季は、二軍戦28試合に登板して、6セーブ&防御率3.96という成績を残した。明るい性格でムードメーカーの役割も担う。安定感を高めてチャンスをつかみたい。

PROFILE

❶投手　❷1993年12月23日(28歳)
❸2年目　❹ドミニカ共和国
❺187cm・89kg　❻右投右打
❼O型

CAREER

ドミニカ共和国空軍(16) ➡ タバケーロス・デ・ボナオ(17) ➡ ドミニカ共和国空軍(19) ➡ パンアメリカ・ドミニカ共和国代表(19) ➡ ヒガンテス・デ・リバス(19) ➡ 千葉ロッテ(20～)

PERSONAL RECORDS

年度	所属球団	登板	勝利	敗北	セーブ	ホールド	HP	完投	完封勝	無四球	勝率	打者	投球回	安打	本塁打	四球	死球	三振	暴投	ボーク	失点	自責点	防御率
2020イ	千葉ロッテ	28	0	0	6	-	-	0	0	0	.000	109	25	15	1	19	2	18	1	0	11	11	3.96
通算		-	-	-	-	-	-	-	-	-	-	-	-	-	-	-	-	-	-	-	-	-	-

❶ポジション　❷生年月日 ※年齢は2021年満年齢　❸プロ在籍年数　❹出身　❺身長・体重　❻投打　❼血液型　❽初登板・初出場　㊙=甲子園出場

SHOTA UEDA

CATCHER

125 植田将太

優れた守備力を持つ強肩捕手

強肩が魅力の大型捕手。大学では同学年の郡司裕也（中日）の控えとして４年間を過ごしたが、捕球技術と二塁送球は互角以上。プロの舞台で大きく成長する。多くの投手の球を受けながら打撃にも磨きをかける。

PROFILE

❶捕手 ❷1997年12月18日（24歳）
❸２年目 ❹大阪府
❺180cm・86kg ❻右投右打
❼AB型

CAREER

慶応義塾高
➡慶応義塾大
➡千葉ロッテ（19年育成ドラフト2位〜）

PERSONAL RECORDS

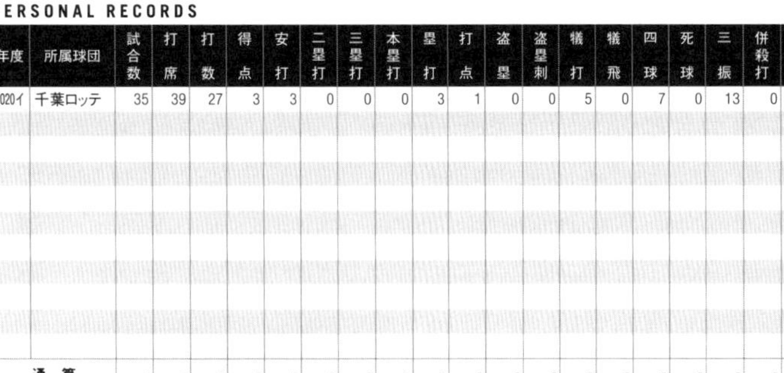

年度	所属球団	試合数	打席	打数	得点	安打	二塁打	三塁打	本塁打	塁打	打点	盗塁	盗塁刺	犠打	犠飛	四球	死球	三振	併殺打	打率
2020イ	千葉ロッテ	35	39	27	3	3	0	0	0	3	1	0	0	5	0	7	0	13	0	.111
通算		-	-	-	-	-	-	-	-	-	-	-	-	-	-	-	-	-	-	-

TAKUYA TAKAHAMA

INFIELDER

127 髙濱卓也

プロ14年目、支配下返り咲きへ

高校時代から高い打撃センスを評価されてきた。阪神から高校生ドラフト１位指名を受けてプロ入りし、人的補償によって2011年に加入。育成契約２年目となる今季こそ、支配下復帰を果たして一軍の切り札になる。

PROFILE

❶内野手 ❷1989年７月６日（32歳）
❸14年目 ❹佐賀県
❺184cm・84kg ❻右投左打
❼A型
❽2011年５月24日（広島戦）

CAREER

横浜高㊙
➡阪神（07年高校生ドラフト1位）
➡千葉ロッテ（11〜）

PERSONAL RECORDS

年度	所属球団	試合数	打席	打数	得点	安打	二塁打	三塁打	本塁打	塁打	打点	盗塁	盗塁刺	犠打	犠飛	四球	死球	三振	併殺打	打率
2011	千葉ロッテ	19	56	48	4	10	1	0	0	11	0	0	0	7	0	1	0	21	0	.208
2012	千葉ロッテ	2	3	3	0	0	0	0	0	0	0	0	0	0	0	0	0	2	0	.000
2013	千葉ロッテ	6	14	14	1	3	0	0	0	3	0	0	0	0	0	0	0	2	1	.214
2014	千葉ロッテ	36	78	69	12	16	1	3	0	23	7	0	1	3	0	6	0	11	1	.232
2015	千葉ロッテ	33	45	42	5	12	2	0	0	14	4	0	0	2	0	1	0	11	0	.286
2016	千葉ロッテ	53	158	144	19	31	6	0	3	46	13	0	0	6	0	8	0	30	2	.215
2017	千葉ロッテ	28	38	35	1	6	2	0	0	8	1	0	0	0	0	3	0	6	4	.171
2018	千葉ロッテ	10	12	12	0	3	0	0	0	3	0	0	0	0	0	0	0	2	0	.250
2019	千葉ロッテ	8	7	7	0	2	2	0	0	4	3	0	0	0	0	0	0	3	0	.286
通算		195	411	374	42	83	14	3	3	112	28	0	1	18	0	19	0	88	8	.222

NEW　SANDY SANTOS　OUTFIELDER

130 サンディ・サントス

ドミニカの秘密兵器、成長に期待

常人離れした身体能力の高さとパンチ力が魅力の大型野手。パイレーツ傘下のマイナーでプレーした後、BCリーグ・富山に入団。昨季38試合に出場して打率.396、11本塁打、46打点と爆発。投手としても３試合に登板した。

PROFILE

❶外野手　❷1994年４月20日(27歳)
❸１年目　❹ドミニカ共和国
❺190cm・83kg　❻右投右打
❼O型

CAREER

セナペック・サント・ドミンゴ高
➡パイレーツ(13)
➡BC・富山(20)
➡千葉ロッテ(21〜)

PERSONAL RECORDS

年度	所属球団	試合数	打席	打数	得点	安打	二塁打	三塁打	本塁打	塁打	打点	盗塁	盗塁刺	犠打	犠飛	四球	死球	三振	併殺打	打率
NO DATA																				
通算																				

NEW　JORGE PERALTA　OUTFIELDER

131 ホルヘ・ペラルタ

無限の可能性を持つドミニカン

プロ未経験ながらポテンシャルの高さを買われて入団。類稀なスピードを持つスイッチヒッターで、内外野を守れる万能性も持つ。まだ若く、日本の野球に慣れて順応できれば、大きな戦力になる可能性を秘めている。

PROFILE

❶外野手　❷2001年８月10日(20歳)
❸１年目　❹ドミニカ共和国
❺178cm・71kg　❻右投両打

CAREER

リセオ・ノクトゥルノ・インヘニオ・アリバ高
➡千葉ロッテ(21〜)

PERSONAL RECORDS

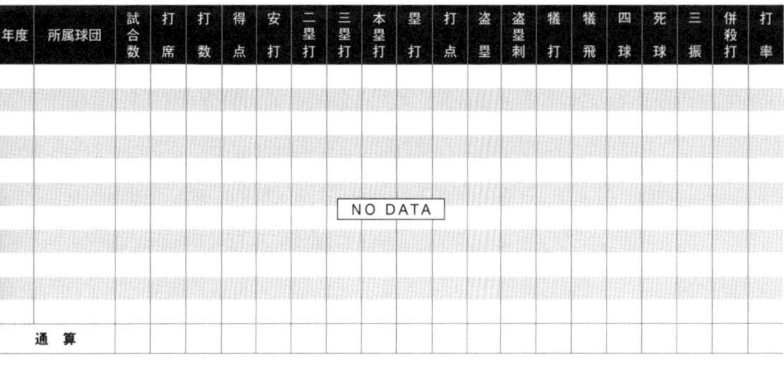

年度	所属球団	試合数	打席	打数	得点	安打	二塁打	三塁打	本塁打	塁打	打点	盗塁	盗塁刺	犠打	犠飛	四球	死球	三振	併殺打	打率
NO DATA																				
通算																				

❶ポジション　❷生年月日 ※年齢は2021年満年齢　❸プロ在籍年数　❹出身　❺身長・体重　❻投打　❼血液型　❽初登板・初出場　㊙=甲子園出場

チームスローガン

❶選手たちを見つめる井口資仁監督　❷ユニホームにキャプテンマークがついた中村奨吾選手　❸撮影前に目を閉じて気合を入れる中村選手のお茶目な写真です。お蔵入りかどうか悩みましたが、こういった一面を知っていただきたくお披露目します　❹グラウンドで熱く打ち合わせを行う井口監督と森脇浩司コーチ。その後方には虹が出ていました　❺2年目は慣れもあり落ち着いて練習が出来ているという佐々木朗希投手はこの笑顔　❻スローガンを持つ中村稔弥投手！本人も納得の表情です！

広報がおくる

Spring Camp Photo Album

チーム情報や普段は見られない選手の素顔などを配信している球団公式SNS。
その中から、広報が激写した春季キャンプ中の様子をお届け！
オフの表情や沖縄らしい写真など、じっくりご堪能あれ。

ルーキー

キャンプ初参加の
新人選手たち！

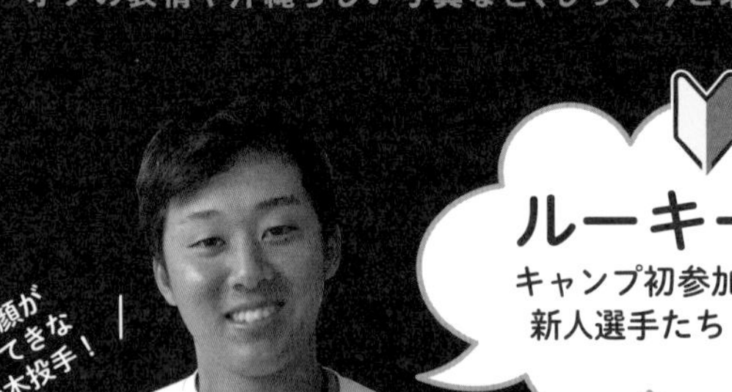

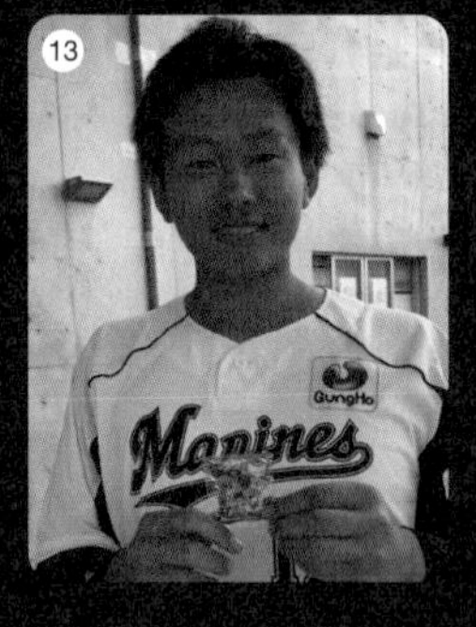

臨時打撃コーチ
として参加する
松中コーチ

助っ人たちの スマイルショット

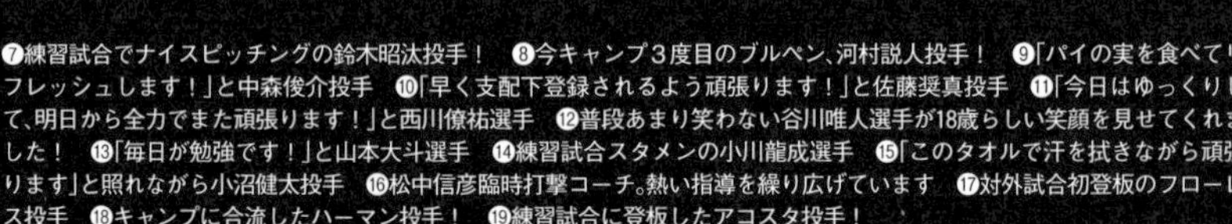

❼練習試合でナイスピッチングの鈴木昭汰投手！　❽今キャンプ3度目のブルペン、河村説人投手！　❾「パイの実を食べてリフレッシュします！」と中森俊介投手　❿「早く支配下登録されるよう頑張ります！」と佐藤奨真投手　⓫「今日はゆっくりして、明日から全力でまた頑張ります！」と西川僚祐選手　⓬普段あまり笑わない谷川唯人選手が18歳らしい笑顔を見せてくれました！　⓭「毎日が勉強です！」と山本大斗選手　⓮練習試合スタメンの小川龍成選手　⓯「このタオルで汗を拭きながら頑張ります」と照れながら小沼健太投手　⓰松中信彦臨時打撃コーチ。熱い指導を繰り広げています　⓱対外試合初登板のフローレス投手　⓲キャンプに合流したハーマン投手！　⓳練習試合に登板したアコスタ投手！

沖縄LIFE！

沖縄らしい
写真をどうぞ！

定番(?)となった
藤岡選手×遊具
の写真が…

二木投手の
スマホの
待ち受けに！

⑳キャンプ休日の唐川侑己投手　㉑成田翔投手と土居豪人投手の爽やかなショット！　㉒宜野湾で３年連続本塁打を放った安田尚憲選手は「相性いいですね(笑)」　㉓入籍を発表した東妻勇輔投手は「沢山の人から祝福の連絡をいただきました！頑張ります」　㉔ブランコで心を整える藤岡裕大選手　㉕プロ野球界でもっともすべり台が似合う男の一人と噂されるYUDAI FUJIOKA選手　㉖二木康太投手のグラブとスマホの待ち受け画面！　㉗藤岡選手とシーソーなうに使ってください！

おかしと
一緒に

大好きな
TOPPO

ハッピーバースデー
しゅうへい！

㉘乳酸菌ショコラを手に取る荻野貴司選手！　㉙「初の一軍キャンプは順調です！」と大好きなTOPPOを持つ本前郁也投手　㉚特守後の西巻賢二選手！　㉛練習試合で安打を打った和田康士朗選手は「いつでも行けるように準備しています！」　㉜雨天でも爽やかスマイルの成田投手　㉝ファンの皆さまのからリクエストに応えてこちらを向いた藤原恭大選手！　㉞サプライズバースデーケーキに嬉しそうな福田秀平選手。32歳おめでとうございます！　㉟初ブルペン直後に「感じは良かったです！」と話した美馬学投手　㊱八重山漁協さまからのマグロの差し入れに「デカイ！」と驚いている佐藤都志也選手

とっておき
ショット

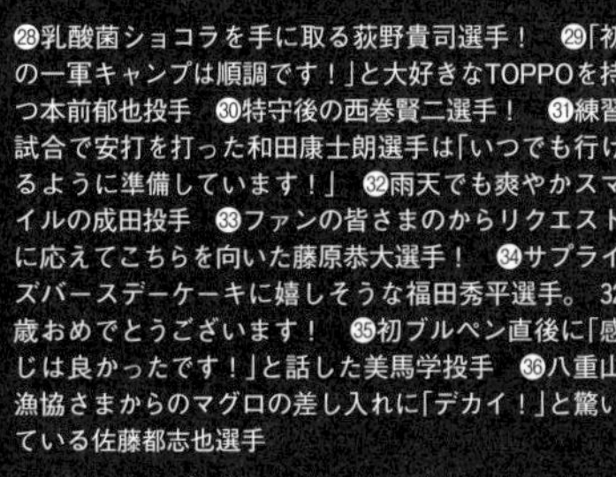

マグロの
差し入れ
デカイ！

公式ＳＮＳ情報　今回載せきれなかった選手たちの様子はこちらでチェック！

Twitter	Instagram	YouTube	LINE	TikTok	Facebook

@Chiba_Lotte	@chibalotte_official	marinesTVOfficial	@chibalotte	@chibalotte	

2021 ROOKIE

New

将来のマリーンズを背負う、
9人の新人選手を紹介する。

Marines

SHOTA SUZUKI

PITCHER

35 | 鈴木昭汰

真っ向勝負のドラ1左腕

中学時代に侍ジャパンU-15代表に選ばれ、常総学院高、法政大と腕を磨いてきた。伸びのあるストレートにスライダー、カーブ、チェンジアップなどの変化球を交え、タフさも持ち合わせる。1年目から一軍で結果を残す。

PROFILE

❶投手	❷1998年9月7日(23歳)
❸茨城県	❹175cm・80kg
❺左投左打	❻A型

CAREER

常総学院高㊙
➡法政大
➡千葉ロッテ(20年ドラフト1位〜)

一問一答

- ニックネーム：**すずしょー**
- 趣味・特技：**韓流ドラマ**
- ふるさと自慢：**星がきれい**
- 好きな言葉・座右の銘：**不動心**
- チーム内で仲のいい選手・スタッフ：**西川僚祐**
- プロ野球選手になるために一番頑張ったこと：**日々の練習**
- ルーティン(試合前・試合中など)：**パスタを食べる(ペペロンチーノ)**
- ストレス解消法は？：**温泉に入ること**
- 好きな(尊敬する)著名人：**吉高由里子**
- 今シーズン対戦が楽しみな投手・打者は？：**福岡ソフトバンク・柳田悠岐選手**
- ファンに自分のここを見てほしい！：**強気のピッチング**
- 1日だけチームメイトと入れ替われるなら誰？：**河村説人投手／190cm以上の人の景色を体感してみたい！**
- 学生時代の一番の思い出は？：**法政大学のチームメイトとよく食事に行ったこと**
- 2021シーズンの抱負：**開幕一軍、そして、1年間チームの戦力となって勝利に貢献できるように頑張ります**
- 好きなゲーム：**プロ野球スピリッツA**
- 好きな漫画：**SLAM DUNK**

❶ポジション　❷生年月日 ※年齢は2021年満年齢　❸出身　❹身長・体重　❺投打　❻血液型　㊙=甲子園出場

SHUNSUKE NAKAMORI

PITCHER

56 中森俊介

魅せる本格派、将来のエース候補

世代を代表する投手として注目を集めてきた本格派右腕。高校２年時には甲子園春夏連続４強入り。150km/h超の力強いストレートだけでなく変化球も切れ味抜群。将来のエース候補としてマリンの追い風を一身に受ける。

PROFILE

❶ 投手　❷ 2002年５月29日(19歳)
❸ 兵庫県　❹ 182cm・86kg
❺ 右投左打　❻ AB型

CAREER

明石商業高(甲)
➡千葉ロッテ(20年ドラフト2位〜)

一問一答

- ニックネーム：**しゅんぽ〜**
- 趣味・特技：**音楽を聴くこと**
- ふるさと自慢：**黒豆が有名**
- 好きな言葉・座右の銘：**一球入魂、平常心、最悪の状況で最善を尽くす**
- チーム内で仲のいい選手・スタッフ：**西川僚祐**
- プロ野球選手になるために一番頑張ったこと：**ご飯を食べること**
- ルーティン(試合前・試合中など)：**毎イニングのはじめに重心を落とす**
- ストレス解消法は？：**よく寝ること**
- 好きな(尊敬する)著名人：**イチローさん**
- 今シーズン対戦が楽しみな投手・打者は？：**埼玉西武・松本航投手**
- ファンに自分のここを見てほしい！：**マウンドさばき**
- １日だけチームメイトと入れ替われるなら誰？：**佐々木朗希投手／160km/hを投げたい**
- 学生時代の一番の思い出は？：**甲子園で春夏ベスト４になれたこと**
- 2021シーズンの抱負：**シーズン通して投げきれる体力、身体をつくっていくこと**
- 好きなゲーム：**プロ野球スピリッツ**
- 好きな漫画：**MAJOR、鬼滅の刃**

Marines

RYUSEI OGAWA

INFIELDER

57 小川龍成

一級品の守備、1年目から勝負

大学１年時からリーグ戦に出場し、３年時には大学日本代表に選ばれた大学球界屈指のショートストップ。守備力は即プロで通用するレベルで１年目から一軍定着を目指す。俊足でもチームに貢献できるはずだ。

PROFILE

❶ 内野手　❷ 1998年４月５日(23歳)
❸ 群馬県　❹ 171cm・72kg
❺ 右投左打　❻ O型

CAREER

前橋育英高(甲)
➡國學院大
➡千葉ロッテ(20年ドラフト3位〜)

一問一答

- ニックネーム：**りゅうせい**
- 趣味・特技：**音楽を聴くこと**
- ふるさと自慢：**うどんがおいしい**
- 好きな言葉・座右の銘：**向上心**
- チーム内で仲のいい選手・スタッフ：**河村(説人)さん**
- プロ野球選手になるために一番頑張ったこと：**守備練習**
- ルーティン(試合前・試合中など)：**ラインを右からまたぐ**
- ストレス解消法は？：**音楽を聴きながら長風呂**
- 好きな(尊敬する)著名人：**山本舞香**
- 今シーズン対戦が楽しみな投手・打者は？：**埼玉西武・髙橋光成投手**
- ファンに自分のここを見てほしい！：**守備**
- １日だけチームメイトと入れ替われるなら誰？：**安田(尚憲)選手になってホームランを打ちたい**
- 学生時代の一番の思い出は？：**大学時代に同級生のみんなで休みの日にリアル野球盤をしたこと**
- 2021シーズンの抱負：**新人王**
- 好きなゲーム：**荒野行動**
- 好きな漫画：**ONE PIECE**

TOKITO KAWAMURA

PITCHER

58 河村説人

高い奪三振能力を持つ長身右腕

190cmを超える長身から投げ下ろすストレートと鋭いフォークが武器。大学時代に１試合17奪三振を記録するなど高い奪三振能力を持ち、即戦力として1年目から期待できる。一軍定着から勝利の方程式入りを目指す。

PROFILE

❶投手 ❷1997年６月18日（24歳）
❸北海道 ❹192cm・87kg
❺右投右打 ❻O型

CAREER

白樺学園高㊙
➡星槎道都大
➡千葉ロッテ（20年ドラフト4位～）

一問一答

□ニックネーム：**トッキー**
□趣味・特技：**バスケ**
□ふるさと自慢：**ししゃもがおいしい**
□好きな言葉・座右の銘：**感謝**
□チーム内で仲のいい選手・スタッフ：**佐藤奨真**
□プロ野球選手になるために一番頑張ったこと：**ストレッチ**
□ルーティン（試合前・試合中など）：**前日の寝巻きで白い服を着る**
□ストレス解消法は？：**ひたすらに睡眠**
□好きな（尊敬する）著名人：**ダウンタウン 松本人志さん**
□今シーズン対戦が楽しみな投手・打者は？：**福岡ソフトバンク・柳田悠岐選手**
□ファンに自分のここを見てほしい！：**落ち着き**
□１日だけチームメイトと入れ替われるなら誰？：**レアード選手になってスシを握りたい**
□学生時代の一番の思い出は？：**一人暮らしが大変だったこと**
□2021シーズンの抱負：**一軍で優勝に貢献する**
□好きなゲーム：**プロ野球スピリッツA**
□好きな漫画：**SLAM DUNK**

Marines

RYOSUKE NISHIKAWA

OUTFIELDER

59 西川僚祐

天性の飛距離、将来の主軸候補

地元・千葉出身で小学、中学時代から注目されていた世代屈指のスラッガー。東海大付属相模高で通算55本塁打を放ったパワーは天性のもので、同時に“練習の虫”でもある。将来の主軸候補として多くの経験を積む。

PROFILE

❶外野手 ❷2002年４月19日（19歳）
❸千葉県 ❹186cm・98kg
❺右投右打 ❻A型

CAREER

東海大付属相模高㊙
➡千葉ロッテ（20年ドラフト5位～）

一問一答

□ニックネーム：**りょうすけ**
□趣味・特技：**寝ること、音楽**
□ふるさと自慢：**梨**
□好きな言葉・座右の銘：**一日一生**
□チーム内で仲のいい選手・スタッフ：**鈴木昭汰さん**
□プロ野球選手になるために一番頑張ったこと：**自主練習**
□ストレス解消法は？：**寝ること**
□好きな（尊敬する）著名人：**お笑いコンビ・NON STYLE**
□ファンに自分のここを見てほしい！：**長打**
□１日だけチームメイトと入れ替われるなら誰？：**佐々木朗希さん／160km/h投げてみたい**
□2021シーズンの抱負：**1本でも多くホームランを放つ！**
□好きなゲーム：**プロ野球スピリッツA**
□好きな漫画：**SLAM DUNK**

❶ポジション ❷生年月日 ※年齢は2021年満年齢 ❸出身 ❹身長・体重 ❺投打 ❻血液型 ㊙＝甲子園出場

YUITO TANIGAWA

CATCHER

122 谷川唯人

自慢の強肩で早期支配下入りへ

運動能力の高い育成捕手。高校時代は一番打者や投手としても活躍した。最大の武器である強肩に加え、素早いスローイングと安定したキャッチングが魅力。プロで多くの経験を積み、捕手としての総合力を上げる。

PROFILE

❶捕手 ❷2002年5月27日(19歳)
❸島根県 ❹178㎝・72kg
❺右投右打 ❻AB型

CAREER

立正大淞南高
➡千葉ロッテ(20年育成ドラフト1位〜)

一問一答

□ニックネーム：**たまごパン、ゆいと**
□趣味・特技：**趣味／ゴルフ、釣り、格闘技**
特技／テニス、バドミントン、サッカー、バレー、髪を切ること
□ふるさと自慢：**自然が豊か** □好きな言葉・座右の銘：**唯一無二**
□チーム内で仲のいい選手・スタッフ：**西川僚祐、山本大斗**
□プロ野球選手になるために一番頑張ったこと：**練習**
□ルーティン(試合前・試合中など)：**スピーカーで音楽を流す**
□ストレス解消法は？：**ジムに行く、電話をする**
□好きな(尊敬する)著名人：**朝倉未来**
□ファンに自分のここを見てほしい！：**スローイング**
□１日だけチームメイトと入れ替われるなら誰？：
安田尚憲選手になって打撃練習をしたい。あんなに打てたら楽しそう
□学生時代の一番の思い出は？：**夏の大会(3年)、授業や休憩のときのバレー、サッカー(遊び)**
□2021シーズンの抱負：
二軍選手の捕手の中で「谷川の方が優れている」という武器をより多く身に付けること
□好きなゲーム：**荒野行動**

KENTA ONUMA

PITCHER

121 小沼健太

夢の舞台へ、挑戦を続ける

地元出身で独立リーグ経由でNPB入りを果たした大型右腕。角度のある力強いストレートは最速151km/hを計測し、落差のあるフォークも武器にする。１年目から遠慮なし。育成契約から早期の下克上を成し遂げる。

PROFILE

❶投手 ❷1998年6月11日(23歳)
❸千葉県 ❹189㎝・86kg
❺右投右打 ❻A型

CAREER

東総工業高
➡BC・武蔵
➡BC・茨城
➡千葉ロッテ(20年育成ドラフト2位〜)

一問一答

□ニックネーム：**おぬ**
□趣味・特技：**Netflix**
□ふるさと自慢：**自然豊か、魚、メロンがおいしい**
□好きな言葉・座右の銘：**意志道拓**
□チーム内で仲のいい選手・スタッフ：**西川僚祐**
□プロ野球選手になるために一番頑張ったこと：**アルバイト**
□ストレス解消法は？：**音楽を聴く**
□好きな(尊敬する)著名人：**松本人志**
□今シーズン対戦が楽しみな投手・打者は？：**全員**
□ファンに自分のここを見てほしい！：**強気な投球**
□１日だけチームメイトと入れ替われるなら誰？：
和田(康士朗)選手になって足が速くなってみたい
□学生時代の一番の思い出は？：**第二種電気工事士の試験に落ちたこと**
□2021シーズンの抱負：**支配下登録**
□好きなゲーム：**プロ野球スピリッツA**
□好きな漫画：**嘘喰い**

DAITO YAMAMOTO

OUTFIELDER

124 山本大斗

強肩強打のスラッガー候補

恵まれた体格から力強いスイングで右方向にも大飛球を飛ばすスラッガー。まだ課題は多いが、将来の長距離砲としての期待は高い。まずは自身の長所を磨きながら体づくりを進め、実戦の中で確実性を上げていきたい。

PROFILE

❶外野手　❷2002年8月9日(19歳)
❸鳥取県　❹180cm・90kg
❺右投右打　❻A型

CAREER

開星高
➡千葉ロッテ(20年育成ドラフト3位〜)

- ニックネーム：**だいちゃん**
- 趣味・特技：**格闘技をみる、スキー**
- ふるさと自慢：**日本海に面していて、魚がうまい、過ごしやすい**
- 好きな言葉・座右の銘：**乾坤一擲**
- チーム内で仲のいい選手・スタッフ：**西川僚祐**
- プロ野球選手になるために一番頑張ったこと：**体づくり**
- ルーティン(試合前・試合中など)：**よく食べる**
- ストレス解消法は？：**食べる**
- 好きな(尊敬する)著名人：**武尊**
- ファンに自分のここを見てほしい！：**スイング**
- 1日だけチームメイトと入れ替われるなら誰？：**和田(康士朗)選手になってダッシュをしたい**
- 学生時代の一番の思い出は？：**学校生活全て**
- 2021シーズンの抱負：**支配下登録**
- 好きな漫画：**クレヨンしんちゃん**

SHOMA SATO

PITCHER

129 佐藤奨真

試合をつくれる技巧派サウスポー

柔らかい投球フォームから伸びのあるストレートを投げ込む育成左腕。打者の手元で変化するカットボールも武器で、チェンジアップも有効。プロのトレーニングで球速をアップできれば可能性は大きく広がる。

PROFILE

❶投手　❷1998年6月2日(23歳)
❸東京都　❹177cm・78kg
❺左投左打　❻B型

CAREER

関東第一高㊙
➡専修大
➡千葉ロッテ(20年育成ドラフト4位〜)

一問一答

- ニックネーム：**ショーマ**
- 趣味・特技：**ゲーム、映画鑑賞**
- ふるさと自慢：**東京スカイツリーを毎日見られる**
- 好きな言葉・座右の銘：**七転八起**
- チーム内で仲のいい選手・スタッフ：**同期全員**
- プロ野球選手になるために一番頑張ったこと：**投球フォームの研究**
- ルーティン(試合前・試合中など)：**試合前、TWICEとNiziUの曲を必ず聴くこと**
- ストレス解消法は？：**野球ゲームをする**
- ファンに自分のここを見てほしい！：**奥行きのある投球**
- 1日だけチームメイトと入れ替われるなら誰？：**佐々木朗希くん／160km/h以上の速球を投げてみたい**
- 学生時代の一番の思い出は？：**大学時代の同級生との飲み会（野球部）**
- 2021シーズンの抱負：**支配下登録**
- 好きなゲーム：**実況パワフルプロ野球**
- 好きな漫画：**ONE PIECE、NARUTO -ナルト-、トリコ、MAJOR**

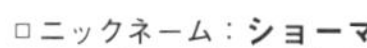

❶ポジション　❷生年月日 ※年齢は2021年満年齢　❸出身　❹身長・体重　❺投打　❻血液型　㊙＝甲子園出場

2021年も
マスコット＆M☆Splash!!と盛り上がろう!

マスコットのマーくん、リーンちゃん、ズーちゃん。
チアパフォーマーのM☆Splash!!といっしょにマリーンズを応援しよう!

RINE-CHAN
リーンちゃん

- 趣味：ちょっとおさんぽ
- 特技：風邪をひかない
- セールスポイント：とても健康です
- ウィークポイント：とても寒がりです
- 好きな食べ物：いちご、お菓子、野菜
- 嫌いな食べ物：わさび
- 性格：慎重派
- 宝物：にゃんにゃん棒と鳥さんのおもちゃ
- マイブーム：好きなお歌を聞く
- ストレス解消法：猫をなでたり(^◇^)/
- 目標：めざせ♪千葉1番の野球女子(^◇^)/
- ファンのみなさんへ：みんなで想いとどけよー!!

MAR-KUN
マーくん

- 趣味：アイドルDVD鑑賞
- 特技：振付コピー
- セールスポイント：顔の大きさ、わがままボディー
- ウィークポイント：早起き、むずかしい話
- 好きな食べ物：イワシ、トマト、カレー、ネギ
- 嫌いな食べ物：無い
- 性格：マイペース
- 宝物：マーくんギター
- マイブーム：日曜日の朝のヒーロータイム
- ストレス解消法：おうちにいる
- 目標：マリーンズファンを増やすこと
- ファンのみなさんへ：この1点を、つかみ取る! みんなで!!

ZU-CHAN
ズーちゃん

- 趣味：もうそう、くうそう
- 特技：くうそうをかたちにすること
- セールスポイント：イタズラっ子☆ばんそうこう
- ウィークポイント：とべない
- 好きな食べ物：しょっぱいもの
- 嫌いな食べ物：あまじょっぱいもの
- 性格：だいたんふてき
- 宝物：おともだち
- マイブーム：きんトレ（ほんとだよ）
- ストレス解消法：おかしをぱくぱく
- 目標：たくさんおでかけして、やきゅうがすきなおともだちをつくる
- ファンのみなさんへ：ぼくといっしょにいーっぱいおうえんをしようね☆

2年ぶりに
リニューアルした
衣装にも
注目！

M☆Splash!!

**M☆Splash!!は2004年に結成され、2021年には18年目のシーズンを迎えます。
マリーンズはもちろん、ファンのみなさまやホームタウン千葉県を盛り上げる「チアパフォーマー」として、
地域の方々に愛される存在を目指しています。
また、球団が主催するマリーンズ・ダンスアカデミー（MDA）のインストラクターとしても活動しています。**

2021 Members

リーダー ASUKA / サブリーダー TOKO / サブリーダー YUKA / AMI / ANJU

ASUKA / AYAKA / CHIYU / ERIKA / HINA

HONAMI / ルーキー JURIA / MANAMI / MEGUMI / MIINA / MINAMI / MIZUKI / MOEKO

MOEMI / ルーキー NAJU / ルーキー RIN / RINO / RIO / SANA / SUZUHA / YUI / YUKI

私たちM☆Splash!!は、球場でのパフォーマンスはもちろん、千葉県を盛り上げるべくさまざまな活動をしています。2021年は新メンバー3名を加え、27名で活動していきます！ さらにパワーアップしたパフォーマンスにぜひご注目ください！ 日々の感謝の気持ちをパフォーマンスに込め、みなさんに笑顔と元気をお届けできるよう、メンバー全員で力を合わせて頑張ります！ 今年も私たちといっしょにマリーンズを応援しましょう！

2021年リーダー
ASUKA

2021年も充実のラインナップ

マリーンズストア ミュージアム店で 楽しいショッピング！

ファン必見のアイテムがズラリとそろう「マリーンズストア ミュージアム店」。
新アイテムはもちろん、従来からデザインが一新されたものなど、
イチオシグッズの数々を紹介します！

2021年の注目グッズはコレ！

中村奨吾選手 キャプテンマーク付きユニホームが登場！

2021シーズンからマリーンズの新キャプテンを務める、中村奨吾選手のキャプテンマーク付きレプリカユニホームが登場！ 中村選手と同じキャプテンマーク付きのユニホームで、中村選手を応援しましょう！

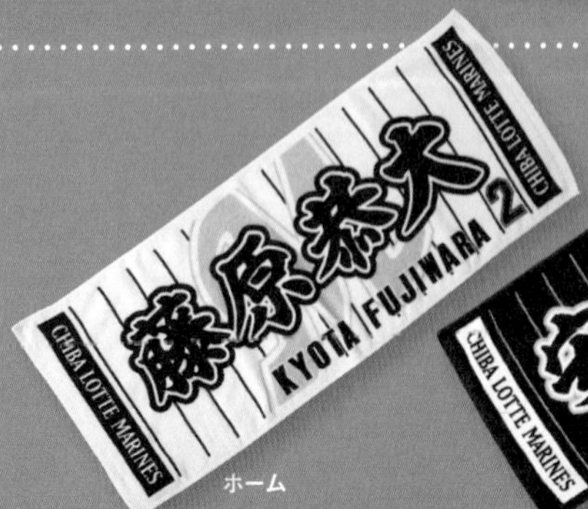

ホーム

ビジター

選手フェイスタオルのデザインが一新！

2021シーズンの選手フェイスタオルは、選手名とイニシャルマークを大きく表示したかっこいいデザインになっています！ 応援には欠かせない選手フェイスタオルを、ぜひ新たなデザインで手に入れてください！

ホーム

ビジター

GOODS 1

レプリカユニホームに新規選手ラインナップが追加！

今シーズンの活躍が期待される和田康士朗選手や佐藤都志也選手が、レプリカユニホームのラインナップに追加されました！

井口資仁監督
（ビジター）

佐々木朗希投手
（ホーム）

レプリカユニホーム
（ホーム／ビジター）
● ネーム無：**7,000**円（税込）
● ネーム有：**9,000**円（税込）
※サイズはS、M、L、Oの4種類
（ネーム無しはKIDSサイズ有）

GOODS 2

オフィシャルサプライヤー '47のキャップを手に入れよう！

マリーンズのオフィシャルサプライヤー '47のキャップは、レプリカ・PROモデルキャップだけでなく、日常に使えるカジュアルキャップも多数取りそろえています！

ホーム

ビジター

レプリカキャップ
（ホーム／ビジター）
● ジュニア：**3,000**円（税込）
● FREE、XL：**3,300**円（税込）

ホーム

ビジター

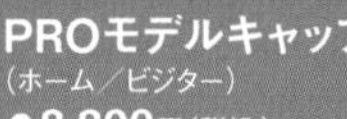

PROモデルキャップ
（ホーム／ビジター）
● **8,800**円（税込）

カジュアルキャップ
● **2,980〜4,600**円（税込）

GOODS 3

選手フェイスタオルを全選手ラインナップ！

応援には欠かせない選手フェイスタオルは、全選手をラインナップ！（ストライプのみ）
好きな選手のフェイスタオルを手に入れよう！

選手フェイスタオル
（ホーム／ビジター）
● **1,400**円（税込）

選手も着用している マウスカバーを身に着けよう！

2021シーズンにチームが着用しているミズノ製のマウスカバーもマリーンズストアにて販売中! 選手とほぼ同じデザインのマウスカバーを身に着けよう！

選手と同じマウスカバー！

マリーンズ
マウスカバー2021
(ブラック／ホワイト)
●1,800円(税込)

SNSでもグッズ情報発信中

- オンラインストア　shop.marines.co.jp
- 千葉ロッテマリーンズ プロモーション　@ marines_goods
- 千葉ロッテマリーンズグッズ　@ marines_goods

安心、安全な野球観戦の ニューアイテム！

コロナ禍における野球観戦の必須アイテム。持ち運びに便利な携帯用除菌剤に、球団オリジナルのディスペンサーが登場。

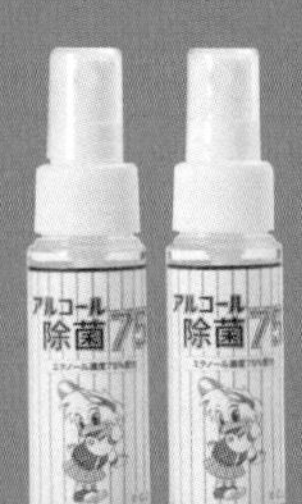

消毒用除菌アルコール
ディスペンサー(左)
●1,430円(税込)

携帯用
アルコール除菌剤(右)
●500円(税込)

マスコットグッズも 盛りだくさん

マーくんや謎の魚のマスコットグッズも多数販売中です！ かわいいデザインのグッズばかりなので、日常使いにはぴったりです！

謎の魚ぬいぐるみ(左)
●2,400円(税込)

謎の魚巾着(右)
●1,400円(税込)

STADIUM FOOD

スタジアムフード

名物料理やボリューム満点フード、片手で手軽に食べられるフードなどバラエティに富んだメニューを取り揃えています。試合観戦のお供に、ぜひスタジアムフードもお楽しみください！

※価格はすべて税込価格です

球場名物！ 3大もつ煮

かずちゃんのもつ煮込み 550円

球場もつ煮の開拓者、ストライク自慢の手作り。たっぷりの生姜とニンニクをお味噌でじっくりと煮込んでいます。

販売場所 ストライク（フロア4 内野1塁側402通路横）

曽根会長のもつ煮込み

ホーム、ビジター関係なく外野スタンドのお客様の熱い支持を受け続けている球場名物。味の決定権は店主の曽根会長です。

販売場所 サンマリン（フロア2 外野センター裏）
※外野席チケットお持ちの方のみ

500円

千葉もつ煮込み 650円

マリーンズファンとともに成長してきたもつ煮です。研究に余念がない中村店長のこだわりの一品です。

販売場所 千葉つくたベキッチン（フロア2 内野中央Cゲート付近）

オススメメニュー

サーモン炙り寿司 580円

球場で本格炙り寿司が食べられる！と大人気の商品です。老舗の味をお召し上がりください。

販売場所 フードショップ志ん橋（フロア4 内野1塁側404・405通路の間）

ボンゴレパスタ

本場イタリアの味を再現したボンゴレパスタはいかがでしょうか！ 球場では珍しいパスタを多く取り扱っているお店です!!

販売場所 イタリアンバールM（フロア3 内野1塁側302・303通路の間）

890円

マーくんかすてぃら（ミニ） 1箱9個入り 700円

マリーンズの人気キャラクター「マーくん」を模ったカステラです。お土産や野球観戦のおやつにぜひご賞味ください!!

販売場所 マーくんワゴン（フロア2 内野バックネット裏 Dゲート付近）

お弁当もラインナップ豊富！

ZOZOマリンスタジアム弁当 1,100円

ボール型のパッケージに、ご飯と鶏そぼろなどのおかずが入ったお弁当です。

販売場所 ほそや（フロア2 内野中央Cゲート付近）

バンダナ寿司弁当 1,100円

千葉の老舗、「志ん橋寿司」のお寿司を存分に味わえ、おかずも豊富でボリューム感たっぷりのお弁当です。

販売場所 フードショップ志ん橋ワゴン（フロア2 内野中央Dゲート付近）

TORI弁当 1,200円

鳥谷敬選手の似顔絵イラストの大豆シートをご飯の上にのせ、鳥谷選手にちなんで、鶏肉のおかず各種を詰め合わせたとり三昧弁当です。

販売場所 ほそや（フロア2 内野中央Cゲート付近）

バンダナ黒毛和牛弁当 1,100円

国産の黒毛和牛（氷温熟成肉）を使用し、旨味や甘みがギュッと詰まったお弁当です。

販売場所 フードショップ志ん橋ワゴン（フロア2 内野中央Dゲート付近）

OTHER INFORMATION

マリーンズビール

千葉市内の幕張ブルワリーで醸造された、マリーンズオリジナルのクラフトビールです。球場での販売に加え、6本セットの通信販売も行っています。

千葉ロッテマリーンズオフィシャルケーキ

素材の厳選、味の完成度、見た目の芸術性、その全てにこだわり、ラメゾンブルーオーナーシェフが心を込めて作り出すマリーンズらしさが詰まったケーキです。一つひとつ丁寧に手作りしていることから毎日数量限定での販売ですので、事前予約をおすすめします!!

詳細は球団公式サイトをご確認ください。

＼ライズTOKYOは、千葉ロッテマリーンズの健康睡眠パートナーです

スポーツ睡眠を実現

スリープオアシス マットレス

セミシングル80・セミシングル90・シングル・セミダブル・ダブ
5サイズございます

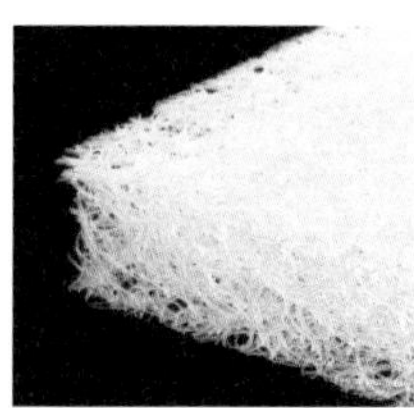

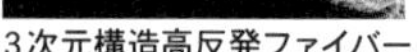

3次元構造高反発ファイバー

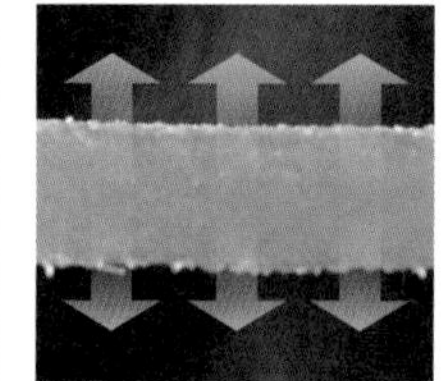

寝汗や湿気を逃す

洗えるからいつでも清

■ RISEの高反発マットレス　～健康睡眠を叶える3つのメリット～

1 1カ所への負担を軽減

柔らかな布団に仰向けになると、腰部が“くの字型”に落ち込みます。しかし反発力の高い寝具では、弾力性が高く、押し上げる力により全身の体圧が分散されるため、1カ所への負担の集中を軽減することができます。

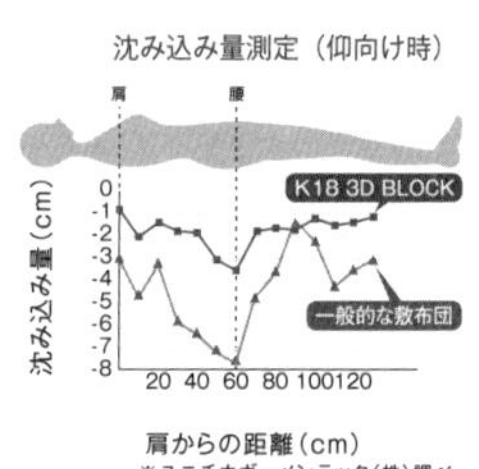

※ユニチカガーメンテック（株）調べ

2 理想の寝姿勢をサポート

立ち姿勢が、そのまま理想の寝姿勢といわれています。高い反発力で全身をバランスよく支えることで、自然な背骨ラインを描き、理想の寝姿勢を保つことができます。

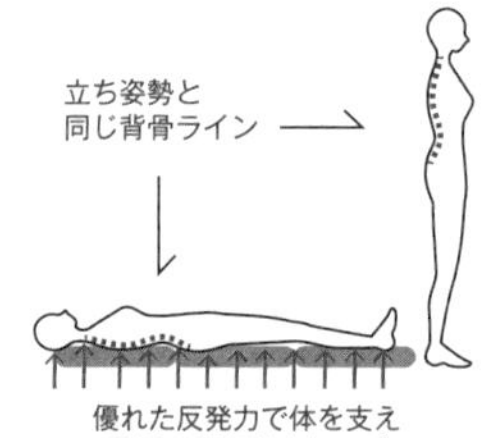

3 寝返りをスムーズに

一晩に 30 回ほど打つといわれる寝返りには、血流促進や体温調節、日中の活動で歪んだ背骨を矯正する働きがあります。寝返りのたびに覚醒することなく熟睡を維持するためには、スムーズな寝返りを促進する高い反発力がポイントです。

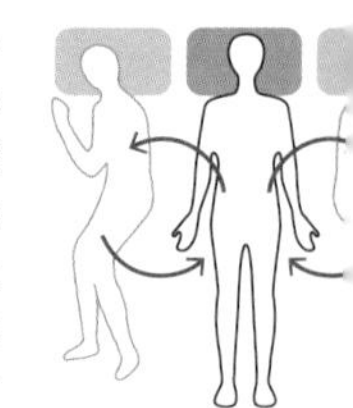

© C.L.M.

RISE
マットレスのライズ

私たちライズはオフィシャルパートナーとして千葉県を本拠地とす
プロ野球球団「千葉ロッテマリーンズ」の選手やスタッフの皆さん
健康睡眠を通して応援しています！

千葉ロッテマリーンズ × ライズ

千葉ロッテマリーンズ ＼選手愛用／

SLEEP OASISを特別価格でご提供！

千葉ロッテマリーンズ ファン限定！

お得なクーポンサイトは
コチラから▶

ライズ TOKYO 株式会社
〒106-0031 東京都港区西麻布1-4-31 アルト第1ビル 2F

■お問い合わせ
cs@risetokyo.jp

■RISE公式サイト
スポーツ睡眠ライズ 検索
https://www.risetokyo.jp

応援するなら入会がお得!!

TEAM26

A MEMBER OF CHIBA LOTTE MARINES

2021シーズン
会員募集中

TEAM26 有料会員特典

①チケット先行販売＆会員割引で購入できる！
②シーズン中に使える特典チケットが付いてくる！
③有料会員限定の選べる特典グッズが付いてくる！
④Mポイントを貯めてグッズやチケットと交換できる！
⑤ファンクラブデー来場で先着来場特典お渡し！

ゴールド会員

※特典グッズは数量に達し次第終了します

A フルジップパーカー
（オフィシャルサプライヤー）

	M	L	O	XO
後丈	65.9cm	69cm	72.1cm	75.2cm
胸回り	109cm	113cm	117cm	121cm
裾回り	86cm	90cm	94cm	98cm
裄丈	84.8cm	87cm	89.2cm	91.4cm

※XOサイズは数量に達したため終了しました
※サイズは目安となり変更となる場合があります

B 2way トートバッグリュック

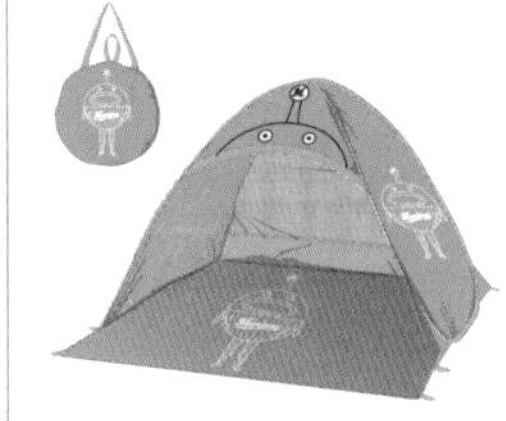

●約W28cm×H44cm×D28cm

C 謎の魚 ワンタッチテント

●本体サイズ：約W145cm×H105cm×D160cm
●ケースサイズ：直径48cm

D アイスキューブ(5個)付 タンブラー(2個)セット

●タンブラー：底面直径：約5.9cm／天面直径：約7.8cm／高さ：約14.1cm／実容量：420ml
●アイスキューブ：約2.6cm×約2.6cm

E 指定席引換券（ゴールド会員用）
（平日・休日使用可能）

一部指定席引換券
（平日・一部休日使用可能）

レギュラー会員　ジュニア会員

A メッセンジャーバッグ

●約W32cm×H23cm×D13cm

B ペイズリー柄 トートバック

●約W42cm×H32cm×D12cm

C オリジナルスポーツタオル

●約W110cm×H40cm

D 謎の魚 ジュニア用リュック

●約W26cm×H35cm×D13cm

ファンクラブデー FAN CLUB DAY

対象試合に来場したTEAM26有料会員に先着でオリジナルグッズをお渡しします！

※対象試合の観戦チケットが必要です
※内容は変更になる場合があります

4月開催予定
リバーシブルマフラー

先着 20,000名

5月開催予定
クールフードタオル

先着 20,000名

6、7月開催予定
選手ボブルヘッド
（マーティン選手・安田選手・中村選手）

各先着 10,000名

会員種別	ゴールド	レギュラー	ジュニア	カジュアルレギュラー
年会費	11,000円	3,900円	3,200円	2,900円
選べる特典グッズ	ゴールドの中から1点	レギュラー／ジュニアの中から1点		×
チケット特典	最大６枚	最大２枚	●平日公式戦の一部指定席が無料!!（一部試合日を除く） ●オープン戦、イースタン戦一部指定席が無料!! ※ZOZOマリン開催試合に限ります　※満席の場合や特定日では使えません	最大２枚
チケット割引率	最大20%（おとなのみ）	最大15%（おとなのみ）	最大50%（こどものみ）	最大15%（おとなのみ）

TEAM26有料会員になって
おトクに観戦しよう！

入会方法①
WEBがオススメ！
右のQRコードからアクセス

入会方法②
球場

パ・リーグ公式戦ZOZOマリン開催時にTEAM26ブースで受付します。

GAME SCHEDULE 2021

公式戦日程表

□ ＝ ホームゲーム　▨ ＝ ビジターゲーム

※2021年３月18日現在の試合日程です。
※新型コロナウイルス感染症の状況により、試合日程・開始時間等が変更になる場合があります。
　最新の情報は球団公式サイトでご確認ください。

◀ 新型コロナウイルス感染予防のための
ZOZOマリンスタジアム観戦ルールはこちら

3・4月 March / April

月	火	水	木	金	土	日
3／22	23	24	25	開幕戦 26 PayPayドーム 18:30	27 PayPayドーム 13:00	28 PayPayドーム 13:00
29	30 ZOZOマリン 18:30	31 ZOZOマリン 14:00	4／1 ZOZOマリン 14:00	2 札幌ドーム 18:00	3 札幌ドーム 14:00	4 札幌ドーム 14:00
5	6 ZOZOマリン 18:00	7 ZOZOマリン 18:00	8 ZOZOマリン 18:00	9 ZOZOマリン 18:00	10 ZOZOマリン 14:00	11 ZOZOマリン 14:00
12	13 楽天生命パーク 18:00	14 楽天生命パーク 18:00	15 楽天生命パーク 18:00	16 京セラD大阪 18:00	17 京セラD大阪 14:00	18 京セラD大阪 13:00
19	20 ZOZOマリン 18:00	21 ZOZOマリン 18:00	22 ZOZOマリン 18:00	23 ZOZOマリン 18:00	24 ZOZOマリン 14:00	25 ZOZOマリン 13:00
26	27 メットライフ 18:00	28 メットライフ 18:00	29 メットライフ 14:00	30 楽天生命パーク 18:00		

5月 May

月	火	水	木	金	土	日
					1 楽天生命パーク 14:00	2 楽天生命パーク 13:00
3 ZOZOマリン 14:00	4 ZOZOマリン 14:00	5 ZOZOマリン 14:00	6	7 ZOZOマリン 18:00	8 ZOZOマリン 14:00	9 ZOZOマリン 14:00
10	11 PayPayドーム 18:00	12 楽天生命パーク 18:00	13	14 ZOZOマリン 18:00	15 ZOZOマリン 14:00	16 ZOZOマリン 14:00
17	18 京セラD大阪 18:00	19 京セラD大阪 18:00	20	21 ZOZOマリン 18:00	22 ZOZOマリン 14:00	23 ZOZOマリン 14:00
24	25 甲子園 18:00	26 甲子園 18:00	27 甲子園 18:00	28 ZOZOマリン 18:00	29 ZOZOマリン 14:00	30 ZOZOマリン 14:00

6月 June

月	火	水	木	金	土	日
	1 バンテリンドーム 18:00	2 バンテリンドーム 18:00	3 バンテリンドーム 18:00	4 横浜 18:00	5 横浜 14:00	6 横浜 14:00
7	8 ZOZOマリン 18:00	9 ZOZOマリン 18:00	10 ZOZOマリン 18:00	11 ZOZOマリン 18:00	12 ZOZOマリン 14:00	13 ZOZOマリン 14:00
14	15	16	17	18 メットライフ 18:00	19 メットライフ 14:00	20 メットライフ 13:00
21	22 ZOZOマリン 18:00	23 ZOZOマリン 18:00	24 ZOZOマリン 18:00	25	26 静岡 18:00	27 静岡 14:00
28	29 京セラD大阪 18:00	30 京セラD大阪 18:00				

7月 July

月	火	水	木	金	土	日
			1	2 ZOZOマリン 18:00	3 ZOZOマリン 14:00	4 ZOZOマリン 14:00
5	6 ZOZOマリン 18:00	7 ZOZOマリン 18:00	8	9 ZOZOマリン 18:00	10 ZOZOマリン 17:00	11 ZOZOマリン 17:00
12	13 メットライフ 18:00	14 メットライフ 18:00	15	16	17	18
19	20	21	22	23	24	25
26	27	28	29	30	31	

8月 August

月	火	水	木	金	土	日
						1
2	3	4	5	6	7	8
9	10	11	12	13 ZOZOマリン 18:00	14 ZOZOマリン 17:00	15 ZOZOマリン 17:00
16	17 ZOZOマリン 18:00	18 ZOZOマリン 18:00	19 ZOZOマリン 18:00	20 PayPayドーム 18:00	21 PayPayドーム 18:00	22 PayPayドーム 13:00
23	24 札幌ドーム 18:30	25 札幌ドーム 18:00	26	27 楽天生命パーク 18:00	28 楽天生命パーク 18:00	29 楽天生命パーク 17:00
30	31 ZOZOマリン 18:00					

9月 September

月	火	水	木	金	土	日
		1 ZOZOマリン 18:00	2	3 ZOZOマリン 18:00	4 ZOZOマリン 17:00	5 ZOZOマリン 17:00
6	7 ほっと神戸 18:00	8 ほっと神戸 18:00	9 ほっと神戸 18:00	10 ZOZOマリン 18:00	11 ZOZOマリン 17:00	12 ZOZOマリン 16:00
13	14 PayPayドーム 18:00	15 PayPayドーム 18:00	16 PayPayドーム 18:00	17	18 札幌ドーム 14:00	19 札幌ドーム 14:00
20 札幌ドーム 14:00	21	22 ZOZOマリン 18:00	23 ZOZOマリン 14:00	24 メットライフ 18:00	25 メットライフ 14:00	26 メットライフ 13:00
27	28 ZOZOマリン 18:00	29 ZOZOマリン 18:00	30 ZOZOマリン 18:00			

10月 October

月	火	水	木	金	土	日
				1 楽天生命パーク 18:00	2 楽天生命パーク 14:00	3 楽天生命パーク 13:00
4	5 ZOZOマリン 18:00	6 ZOZOマリン 18:00	7 ZOZOマリン 18:00	8 札幌ドーム 18:00	9 札幌ドーム 14:00	10 札幌ドーム 14:00
11	12 京セラD大阪 18:00	13 京セラD大阪 18:00	14 京セラD大阪 18:00	15 ZOZOマリン 18:00	16 ZOZOマリン 14:00	17 ZOZOマリン 14:00
18 メットライフ 18:00	19 PayPayドーム 18:00	20	21	22	23	24
25	26	27	28	29	30	31

HOW TO ENJOY!

初めての野球観戦でも安心！

マリンビジョンの楽しみ方

ビジターチーム表示

ホームチーム表示

中断時間を含まない試合時間を表示しています。

センタービジョン

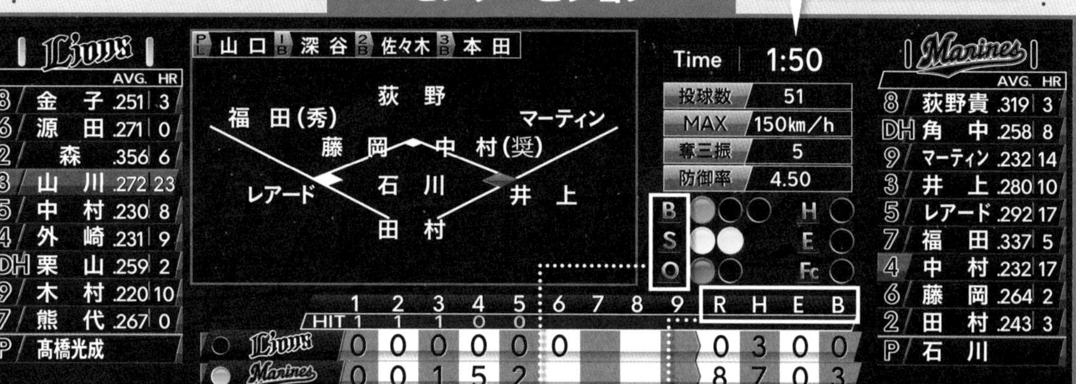

レフトビジョン

相手チームの打者や投手の情報を掲出しています。また、その右側では他球場の途中経過をリアルタイムで更新中。

Q スコアの右側に表示しているRHEBって？

R…Runs（得点）　H…Hits（ヒット）
E…Errors（エラー）
B…Base on balls・Hit by Pitch（四死球）

ライトビジョン

マリーンズの攻撃時には打席に立っている選手、守備時には投手中の投手の情報を掲出しています。その試合の成績だけではなく、今シーズンの成績や詳細なプロフィールもチェックすることができます！

Q スコアの上側に表示しているBSOって？

B…ストライクゾーンを外れた投球の数（4つで出塁=フォアボール）

S…打つことに適したコース（ストライクゾーン）を通り、打者がその球を見逃しあるいは空振りした回数、もしくはファールゾーンに飛んだ回数（2つまでカウント）

O…アウトになった数(3つで攻守交代)

8 センター
7 レフト
9 ライト
6 ショート
4 セカンド
5 サード
3 ファースト
1 ピッチャー
2 キャッチャー
ZOZOMARINE STADIUM
Visitor Bench
Home Bench

守備位置

野球場では選手の守備位置を数字で表します！ 覚えるだけでも野球観戦が楽しくなりますよ♪

応援スタイル

ナイスプレーの場合は拍手で球場を盛り上げよう！

お気に入りの選手のタオルを胸元に掲げて応援しよう！

TICKET GUIDE

チケットガイド 2021

[ZOZOマリンスタジアム座席図]

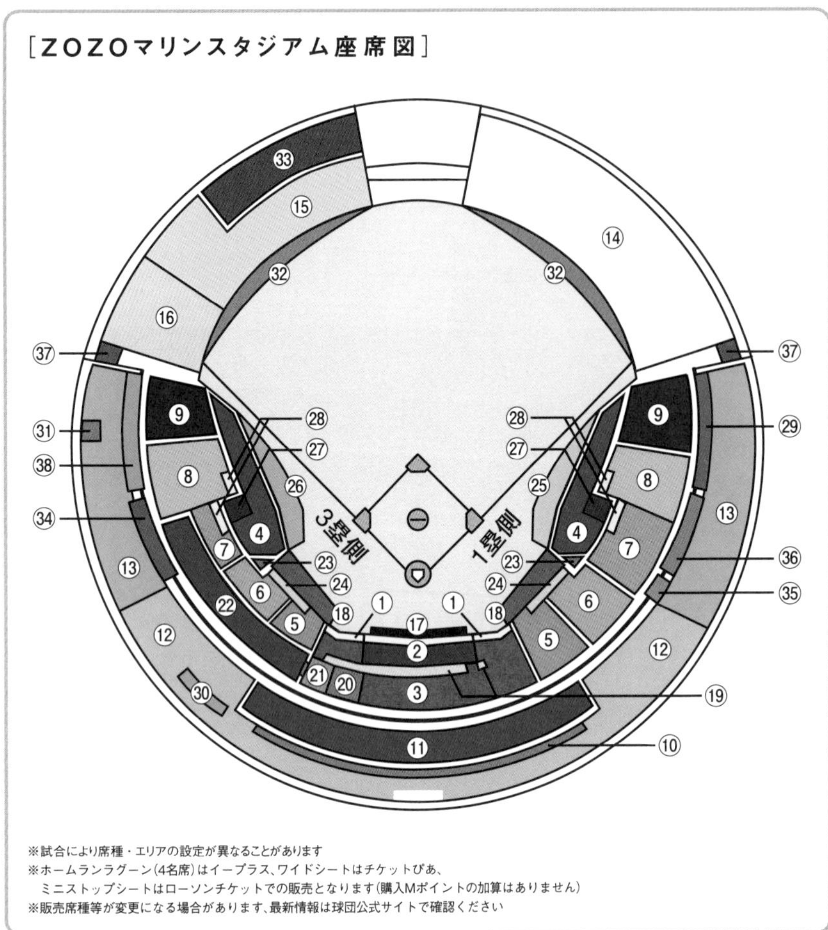

※試合により席種・エリアの設定が異なることがあります
※ホームランラグーン(4名席)はイープラス、ワイドシートはチケットぴあ、ミニストップシートはローソンチケットでの販売となります(購入Mポイントの加算はありません)
※販売席種等が変更になる場合があります。最新情報は球団公式サイトで確認ください

● 席種一覧

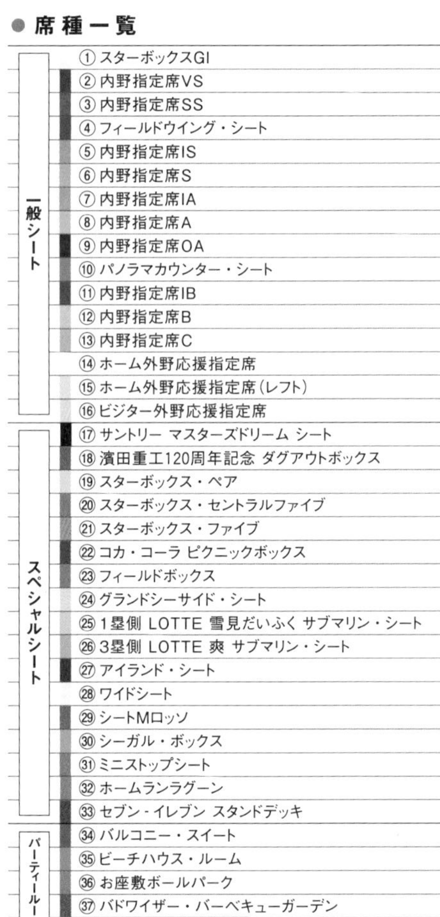

一般シート	① スターボックスGI
	② 内野指定席VS
	③ 内野指定席SS
	④ フィールドウイング・シート
	⑤ 内野指定席IS
	⑥ 内野指定席S
	⑦ 内野指定席IA
	⑧ 内野指定席A
	⑨ 内野指定席OA
	⑩ パノラマカウンター・シート
	⑪ 内野指定席IB
	⑫ 内野指定席B
	⑬ 内野指定席C
	⑭ ホーム外野応援指定席
	⑮ ホーム外野応援指定席(レフト)
	⑯ ビジター外野応援指定席
スペシャルシート	⑰ サントリー マスターズドリーム シート
	⑱ 濱田重工120周年記念 ダグアウトボックス
	⑲ スターボックス・ペア
	⑳ スターボックス・セントラルファイブ
	㉑ スターボックス・ファイブ
	㉒ コカ・コーラ ピクニックボックス
	㉓ フィールドボックス
	㉔ グランドシーサイド・シート
	㉕ 1塁側 LOTTE 雪見だいふく サブマリン・シート
	㉖ 3塁側 LOTTE 爽 サブマリン・シート
	㉗ アイランド・シート
	㉘ ワイドシート
	㉙ シートMロッソ
	㉚ シーガル・ボックス
	㉛ ミニストップシート
	㉜ ホームランラグーン
	㉝ セブン-イレブン スタンドデッキ
パーティールーム	㉞ バルコニー・スイート
	㉟ ビーチハウス・ルーム
	㊱ お座敷ボールパーク
	㊲ バドワイザー・バーベキューガーデン
	㊳ フィールドテラス・スイート

全試合をダイナミックプライシング(価格変動制)・全席指定席で販売

2021年全試合において、観戦ニーズに応じた価格で販売が可能な
ダイナミックプライシング(価格変動制)で
チケット販売を行います(一部の席種を除く)

Q ダイナミックプライシング(価格変動制)とは?

A チケット価格が購入するタイミングによって変動する販売方法です

試合日程・席種・天候・過去の実績など様々なデータを基に試合ごとの需要予測を行い、リアルタイムな需要に応じた"適正価格"で販売を行います

※2021年より需要の高い通路側やグラウンドに一番近い最前列、フロア2最後列(28列目)の価格が場所によって変動します

販売日程は[ファンクラブ有料会員スペシャルシートWEB限定抽選販売]▶[ファンクラブ有料会員WEB限定先行販売]▶[Mチケット セブン-イレブン先行販売]▶[一般販売]の順です

※販売順や販売期間は諸事情により今後変更になる場合があります

※チケット販売スタート	1	2	3	4
	ファンクラブ有料会員スペシャルシートWEB限定抽選販売(販売期間:2日間)	ファンクラブ有料会員WEB限定先行販売(販売期間:3日間)	Mチケット セブン-イレブン先行販売 ※WEB限定となる場合があります	一般販売

ファンクラブ有料会員販売スケジュール

MPステージ	M6	M5	M4	M3	M2
1日目	13:00〜22:00	15:00〜22:00	17:00〜22:00	—	—
2日目	10:00〜				14:00〜
3日目	〜22:00				

← 詳しくはコチラをCheck!

※具体的な販売日程は決まり次第、球団公式サイトでご案内します。

How to Order

2021年 チケット購入方法

※Mチケット オンラインおよびZOZOマリンスタジアムでの購入にはマリーンズIDの発行が必要です

直営チケットショップ

Mチケット CHIBA LOTTE MARINES

購入場所		購入方法
スマホ・パソコンで購入	ファンクラブ会員(有料・無料)	Mチケット オンライン TEAM26
	一般の方	Mチケット セブン-イレブン
		Mチケット オンライン
ZOZOマリンスタジアムで購入	ファンクラブ会員/一般の方	● 営業時間 [試合非開催日]10:00〜17:00まで [デーゲーム開催日]10:00〜17:00まで (※もしくは試合終了30分後まで) [ナイター開催日]10:00〜試合終了後30分後まで (最長22:30まで) ● 定休日 毎週月曜日(試合開催日を除く) ※マリーンズIDの発行が必要です ※営業時間は都合により急遽変更になる場合があります

一般チケットショップ

購入場所	購入方法
スマホ・パソコンで購入	● セブンチケット ● ローソンチケット ● ぴあ ● CNプレイガイド ● e+(イープラス)

※2021年3月5日現在の情報です。詳しい販売状況は各プレイガイドへお問い合わせください

新規生募集中!!

マリーンズ・アカデミー

地域の子どもたちにより良い指導を受ける機会を提供するため、「ベースボールアカデミー」と「ダンスアカデミー」を開校しています。また、アカデミーでの指導のほか、幼稚園・小学校への訪問活動や各地域のイベントに参加するなど、野球普及活動及び地域貢献活動も行っています。

元プロ野球選手をはじめとする指導経験豊かな講師陣が効率のよいレベルアップをサポート！
オンラインレッスンや特別講座の開催も予定しています！

マリーンズ・ベースボールアカデミー（MBA）

MARINES BASEBALL ACADEMY

マリーンズ・ベースボールアカデミー（MBA）とは、球団OBが指導する野球教室です。
小学生対象の継続型のスクールを始めとして、オンラインレッスンや、
硬式野球にも対応した1日完了型の特別講座等があります。

スクールは千葉県内5拠点16クラスで開校中。

- 美浜校（4月～3月）……小学3年生～6年生
- 習志野校（4月～12月）……小学1年生～2年生
- 市川校（4月～12月）……小学1年生～3年生
- 市原・袖ケ浦校（4月～12月）……小学3年生～6年生
- 柏校（3月～12月）……小学3年生～6年生
- アドバンスクラス（4月～3月）……小学5年生～6年生
- 二俣新町校（中学硬式クラス）（4月～3月）……中学1年生～3年生

【アカデミーコーチ紹介】

武藤一邦校長

佐藤幸彦コーチ

小林宏之コーチ

栗田雄介コーチ

塀内久雄コーチ

田中雅彦コーチ

小川直人コーチ

遊佐華好コーチ

3歳のお誕生日から入会可能！　実際のクラスで体験（無料）ができるので、初めての習い事でも安心！

マリーンズ・ダンスアカデミー（MDA）

MARINES DANCE ACADEMY

マリーンズ・ダンスアカデミー（MDA）とは、M☆Splash!! ＆OGメンバーが直接指導するダンススクールです。基礎体力・リズム感・柔軟性の向上とともにダンススキルを磨くだけではなく、あいさつ、思いやり、協調性を大切に指導しています。

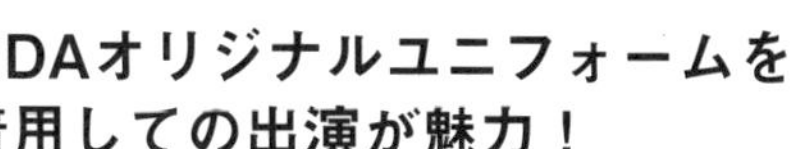

MDAオリジナルユニフォームを着用しての出演が魅力！

ZOZOマリンスタジアムのフィールドで踊る「グラウンド発表会」や、舞台ホールならではの特別な演出の中でパフォーマンスできる「舞台発表会」など、さまざまな出演機会があります。千葉県内13拠点で開校中です。

【教室】
- 本校
- NAS新鎌ヶ谷校
- NAS稲毛海岸校
- NAS西船橋校
- NAS松戸校
- NASおゆみ野校
- ゴールドジム浦安校
- ゴールドジム幕張千葉（WBG）校
- ゴールドジム本八幡校
- ゴールドジム千葉ニュータウン校
- イオンカルチャークラブユーカリが丘校

【開講クラス】
- キッズ　3歳～6歳（年長）
- リトル　小学1年生～小学4年生
- ジュニア　小学5年生～中学3年生
- メイツ　高校生～

【サテライトスクール】
気軽にチアをはじめてみたいという方は、ユニフォーム不要、月2回のダンスレッスンをリーズナブルに受講できるサテライトスクールがおススメです。千葉県内2拠点で開校中！

- イオンカルチャークラブ幕張新都心
- イオンカルチャークラブ東習志野

▶ 体験・入会のお申込みは、各校舎にお問い合わせください。

PC版

スマホ版

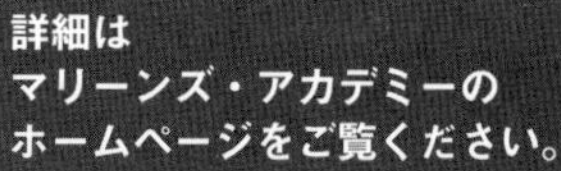

詳細は
マリーンズ・アカデミーの
ホームページをご覧ください。

優勝 掴み取る

益田直也 中村奨吾

千葉ロッテマリーンズ
オフィシャルイヤーブック 2021

●発　行：株式会社千葉ロッテマリーンズ
●発行所：千葉県千葉市美浜区美浜1番地
●発行日：令和３年３月30日

編集制作
ベースボール・タイムズ編集部

EDITOR IN CHIEF DIRECTOR
大槻美佳

EDITORIAL STAFF
松田恭典／松野友克／三和直樹
渡邊幸恵／石井ゆかり／谷口一馬

WRITER
長谷川美帆（千葉ロッテマリーンズ）

PHOTOGRAPHER
江西伸之（千葉ロッテマリーンズ）
加藤夏子（千葉ロッテマリーンズ）
長谷川拓司（千葉ロッテマリーンズ）

DESIGN
方城陽介（アイル企画）
加治佐篤（アイル企画）
平松　剛（アイル企画）

PRINTING
凸版印刷株式会社

発売：メタ・ブレーン
〒150-0022 東京都渋谷区恵比寿南3-10-14-214